Svenja Hofert

Erfolgreiche Existenzgründung für Trainer, Berater, Coachs

Svenja Hofert

Erfolgreiche Existenzgründung für Trainer, Berater, Coachs

Das Praxishandbuch für Gründung, Existenzaufbau und Expansion

Mit CD-ROM

GABAL TrainerPraxis

Bibliografische Information der Deutschen Bibliothek

Die Deutsche Bibliothek verzeichnet diese Publikation
in der Deutschen Nationalbibliografie;
detaillierte bibliografische Informationen
sind im Internet über http://dnb.ddb.de abrufbar.

ISBN 10: 3-89749-635-6
ISBN 13: 978-3-89749-635-4

Lektorat: Dr. Michael Madel, Ruppichteroth
Umschlaggestaltung: +malsy Kommunikation und Gestaltung, Willich
Satz und Layout: Das Herstellungsbüro, Hamburg, www.buch-herstellungsbuero.de
Druck und Bindung: Salzland Druck, Staßfurt

© 2006 GABAL Verlag GmbH, Offenbach
Alle Rechte vorbehalten. Vervielfältigung, auch auszugsweise, nur mit schriftlicher Genehmigung des Verlages.

www.gabal-verlag.de
www.gabal-shop.de
www.gabal-ist-ueberall.de

Inhalt

Vorwort 9

1 Schnelle Antworten auf acht wichtige Fragen 11
Frage 1: Wie mache ich mich als Trainer selbstständig? 11
Frage 2: Womit mache ich mich als Trainer, Berater und Coach
selbstständig? 11
Frage 3: Was kann ich verdienen? 12
Frage 4: Bin ich rentenversicherungspflichtig? 12
Frage 5: Sind wir als Trainergemeinschaft gleich eine GbR? 13
Frage 6: Gelte ich als Freiberufler oder Gewerbetreibender? 13
Frage 7: Welche Gesellschaftsform bietet sich an? 13
Frage 8: Empfiehlt sich die Kleinunternehmerregelung? 14

2 Die Grundlage: Kreative Geschäftsidee 15
Die »Freie-Mitarbeiter-Falle« 15
Die Positionierung 17
EKS – die Engpass-Konzentrierte Strategie 20
Analysetabelle für die Positionierung 22
Nicht ohne Gefahren: Positionierung über den Preis 26
Der Trick mit »dem einen Begriff« 26
Das Dreibein: Sicherheit durch mehrere Standbeine 28
Marken anmelden 29
Teamideen – der gemeinsame Auftritt 31
Mit SWOT-Analyse Idee überprüfen 34

3 Unternehmerisches Bewusstsein entwickeln 35
Der Gründer als Produktentwickler 35
Der Gründer als Buchhalter und Kaufmann 36
Der Gründer als Vertriebler 37
Der Gründer als Werbechef 38
Der Gründer als Leiter des Kundenservice 38
Der Gründer als Personalverantwortlicher 39

4 Professionelle Preisfindung 41
Als Freelancer im indirekten Auftrag tätig werden 41
Der kalkulatorische Stundensatz 42
Preisfindung anhand von Wettbewerb und Markt 43

Preisfindung anhand des subjektiven Nutzens 45
Die Hochpreisstrategie 45
Preisdifferenzierungen 46
Die Sache mit der Umsatzsteuer 47
Rabatte 48
Geförderte Preise 49

5 Marketing: Strategische Entscheidungen und konkrete Aktionen 51
Name oder Firma? Ihre Vermarktungsstrategie 51
Strategie für den Freelancer 53
Corporate Identity und »Erstausstattung« 57
Die Marketing-Maßnahmen im Überblick 60
Werbung mit Anzeigen: die Wiederholung macht's 63
Internetwerbung: Präsenz in Datenbanken 63
»Wunderwaffe« Public Relations 64
Events und Veranstaltungen 65
Verkaufsförderung: aktive Kaufentscheidung herbeiführen 65
Direktmarketing mit Mailings 66
Empfehlungsmarketing 66
Akquisition per Telefon 68
Akquise auf Messen 77
Eintrag in eine Trainerdatenbank 78
Das eigene Buch als Marketinginstrument 79

6 Der Business-Plan als Sollvorgabe 85
Kredite kosten Geld 85
Das Herzstück: der Business-Plan 87
Gründungsförderung 92

7 Die Wahl der Organisations- und Rechtsform 95
Die Gretchenfrage: Freiberufler oder Gewerbetreibender? 95
Trainer-Netzwerke 97
Ausübung mehrerer Tätigkeiten 99
Scheinselbstständig oder nicht? 99
Gemeinsam gründen 102
Die ungewollte GbR 106
Die gewollte GbR 107
Die Partnergesellschaft 109
Die GmbH 109
Die GmbH & Co. KG 111
Die Limited 111
Kleine Aktiengesellschaft (AG) 114
Die OHG 114
Die KG 115

8 Verträge gestalten und Rechtsprechung beachten ... 117
Vom Auftrag zum Vertrag ... 117
Unterschied zwischen Werk- und Dienstvertrag ... 118
Beraterverträge mit Privatkunden ... 119
Beraterverträge mit Unternehmen ... 120
Wenn Sie als freier Mitarbeiter tätig werden ... 120
Urheberrechte beachten ... 121
Die allgemeinen Geschäftsbedingungen (AGB) ... 123
Mietvertrag: Anmietung eines Büros oder Seminarraums ... 124

9 Buchhaltung und Steuerarten ... 125
Grundlagen der Buchhaltung ... 125
Zusammenarbeit mit dem Steuerberater ... 130
Die Steuerentwicklung ... 132
Die Einkommenssteuer ... 132
Die Gewerbesteuer ... 134
Die Körperschaftssteuer ... 134
Die Umsatzsteuer ... 134
Steuern sparen ... 136

10 Versicherungen: Für alle Fälle vorsorgen ... 141
Die Krankenversicherung ... 141
Die Rentenversicherung ... 142
Die Arbeitslosenversicherung ... 148
Versicherungen für Mitarbeiter ... 149
Die Berufsunfähigkeitsversicherung ... 150
Die betriebliche Haftpflichtversicherung und die Berufshaftpflicht ... 150

11 Mitarbeiter einstellen ... 153
Mitarbeiter einstellen kann sich lohnen ... 153
Minijobber einstellen ... 154
Freie Aufträge vergeben ... 156
Praktikanten und Azubis beschäftigen ... 156
Die Arbeitsverträge ... 160
Mitarbeiter günstig einstellen: Weitere Möglichkeiten ... 161

12 Optimieren und Expandieren ... 166
Schnelle Maßnahmen ... 166
Mittel- und langfristige Tipps ... 169

Bücher, Web-Tipps und wichtige Verbände ... 177
Stichwortverzeichnis ... 179

Vorwort

Liebe Leserinnen und Leser!

- »Nun ist meine Coachausbildung zu Ende – und was nun?«
- »Jahre lief mein Geschäft gut, nur auf Empfehlungsbasis – und jetzt? Ich weiß auch nicht mehr weiter.«
- »Wo ist bloß meine Nische, wie grenze ich mich ab?«

Solche Fragen runden typisch »formale« Fragestellungen wie die nach der Rentenversicherungspflicht, der Rechtsform, den Verträgen oder den Steuern ab. Gleich, ob Sie als IT-Consultant, als NLP-Trainer oder Business-Coach tätig sind – sie sind ganz ähnlich.

Dieses Existenzgründungs- und Expansionsbuch ist ein sehr praktischer Ratgeber für Sie. Mein Ansatz unterscheidet sich dabei von den sonst üblichen: Ich habe das Thema ganzheitlich betrachtet – und bei einer ganzheitlichen Betrachtung geben sich weiche und harte Faktoren die Hand. Die weichen Faktoren mache ich konkret, die harten durch eine verständliche Sprache leicht verdaulich.

Ganzheitliche Betrachtung

In meiner Karriereberatungs-Praxis habe ich viel mit Freiberuflern und speziell auch mit Beratern und Trainern zu tun, kenne insofern die Fragen und den Wissensbedarf genau. Aus diesem Grund setzen die Kapitel zu den Themen »Geschäftsidee«, »Preis«, »Marketing« und »Expansion« Schwerpunkte, sind diese doch zentral für Ihren Erfolg.

Zentral für Ihren Erfolg sind auch die Musterdokumente auf der beiliegenden CD. Hier finden Sie zum Beispiel eine Rentabilitätsvorschau als zentralen Teil Ihres Business-Plans, die auf Trainer zugeschnitten ist, einen Coachingvertrag, Formulare zur Honorarkalkulation und Beispiele für Trainer-Profile. Um Ihnen die zielorientierte Nutzung der CD zu erleichtern, weise ich in dem Buch mithilfe eines Symbols darauf hin, wenn ein Musterdokument vorliegt.

Musterdokumente auf der CD

Insgesamt möchte ich Ihnen eine runde Mischung für Ihren Start ins Trainerleben bieten, aber auch für den Aufbau Ihrer Trainertätigkeit – wenn

Sie etwa aus der Rolle als freier Mitarbeiter herauswachsen oder aber sich neue Aufträge erschließen wollen.

Und nun wünsche ich Ihnen eine anregende Lektüre – und ich freue mich schon jetzt auf Ihre Anregungen und Ihr Feedback. Gerne beraten meine Partnerinnen und ich Sie bei Gründung und Expansion auch persönlich in Hamburg, Köln und Berlin. Senden Sie mir eine E-Mail oder rufen Sie mich an.

Stand aller Angaben und Empfehlungen ist der August 2006. Bitte beachten Sie, dass sich vor allem im Bereich Steuern und Fördermittel immer wieder einmal etwas ändern kann. Aktuelle Informationen dazu finden Sie auf meiner Website www.gruenderreports.de.

Svenja Hofert
E-Mail: hofert@karriereundentwicklung.de

Schnelle Antworten auf acht wichtige Fragen

Sie wünschen sich zunächst einmal eine schnelle Antwort auf Fragen, die Ihnen unter den Nägeln brennen? In diesem Kapitel erhalten Sie Antworten auf häufige Fragen, die Trainer & Co. beschäftigen. Details lesen Sie dann bitte in den einzelnen Kapiteln nach.

Frage 1: Wie mache ich mich als Trainer selbstständig?

Erst einmal brauchen Sie eine Idee, mit der Sie sich auf den umkämpften Markt wagen können. Führen Sie einen Markttest durch, wenn Sie sich nicht bereits mit Aufträgen ausgestattet selbstständig machen können. Danach folgt die Entscheidung für die Art der Tätigkeit: Planen Sie eine Unternehmensberatung, vielleicht mit Mitarbeitern, oder möchten Sie als freier Trainer tätig sein? Sind Sie allein oder zu zweit? Schreiben Sie unbedingt einen Business-Plan, auch wenn Sie keine Kredite in Anspruch nehmen möchten. Dieses Unternehmenskonzept hilft Ihnen, sich über die eigenen Schwerpunkte und Preise klar zu werden. Klären Sie, ob eventuell Fördermittel für Sie infrage kommen.

Gründungsidee

Frage 2: Womit mache ich mich als Trainer, Berater und Coach selbstständig?

Alle erfolgreichen Trainer haben auch eine Geschäftsidee. Die kann im Thema begründet liegen – dann lehren Sie etwas inhaltlich Neues (zum Beispiel Neuromarketing für die Medienbranche) oder etwas Bekanntes auf neue Art und Weise (NLP mit Humor). Die Idee kann auch auf einer bestimmten Trainingsmethode fußen oder auf der Persönlichkeit des Trainers.

Spezielles Thema besetzen — Die Idee sollte aber eingegrenzt sein. Besetzen Sie ein spezielles Thema. Erfolgreiche Trainer sind niemals »Eier legende Wollmilchsäue«, die vom Vertriebs- bis zum SAP-R3-Training alles bieten. Erfolgreiche Trainer haben sich spezialisiert, denn nur in der Spezialisierung liegt auch Potenzial zur Gewinnoptimierung. Dem 10001ten Kommunikationstrainer zahlt der Auftraggeber bestenfalls ein durchschnittliches Honorar. Wer sich dagegen in seinem Gebiet einen Namen gemacht hat oder sogar für ein bestimmtes Thema steht (wie Lothar Seiwert für das Thema »Zeitmanagement«), kann seine Honorare kräftig steigern. Hinzu kommt: Auch für Sie selbst ist es effektiver, nur wenige Themen zu bearbeiten – so sparen Sie die Zeit, die Sie brauchen, um sich immer wieder auf Ihre (neuen) Kunden einzustellen.

Dies gilt auch für Berater und Coachs. Wer alle Unternehmen in allen Fragen berät, wer nicht mehr als Business Coaching anbietet, wird sich am Markt kaum behaupten können. Für Berater empfiehlt sich eine thematische sowie branchenspezifische Spezialisierung. Coachs sollten sich zum Beispiel auf eine bestimmte Branche und/oder Zielgruppe fokussieren.

Frage 3: Was kann ich verdienen?

Verdienstmöglichkeiten — Die Spanne für Trainer ist riesig groß: Während freie Dozenten mitunter kaum 18 Euro für eine Unterrichtsstunde bekommen, erwirtschaften namhafte Trainer, die für Firmen arbeiten, bis zu 3000 Euro am Tag. Unternehmensberater nehmen Tagessätze ab ca. 350 bis rund 1500 Euro am Tag.

Frage 4: Bin ich rentenversicherungspflichtig?

Dies kommt auf die Art Ihrer Tätigkeit an. Ist diese einem Lehrer oder Erzieher vergleichbar, so müssen Sie in die Deutsche Rentenversicherungsanstalt Bund (ehemals BfA) einzahlen. Unter Umständen auch rückwirkend, wenn Sie nachträglich als »freier Lehrer« identifiziert werden. Dass der Staat in Zeiten leerer Rentenkassen ein hohes Interesse daran hat, liegt auf der Hand.

Die Freie-Lehrer-Falle — Auch als Coach stecken Sie in der Freie-Lehrer-Falle fest. Steht indes klassische Unternehmensberatung und Konzeption im Vordergrund Ihrer Tätigkeit, treten Sie vielleicht sogar als Organisator von Trainings auf, ist keine Rentenversicherungspflicht gegeben. Lesen Sie für weitere Informationen bitte das Kapitel zum Thema »Versicherungen«.

Frage 5: Sind wir als Trainergemeinschaft gleich eine GbR?

Treten Sie gemeinsam auf, etwa mit einem gemeinsamen Logo und einer Website, kann das Finanzamt Sie auch nachträglich als GbR entlarven. Konsequenzen daraus: Rechnungen sind unter Umständen nicht mehr gültig, der Vorsteuerabzug entfällt, Sie müssen Geld zurückzahlen. Mindestens genauso »schlimm«: Sie haften für Ihren Netzwerkpartner, etwa, wenn dieser seinen Kredit nicht zahlt. Denn: Die GbR braucht keinen Gesellschaftervertrag, um als solche gewertet zu werden, und haftet gesamtschuldnerisch. Wenn Sie keine GbR und damit die gesamtschuldnerische Haftung wollen, treten Sie gegenüber Auftraggebern nicht als Gemeinschaft auf, sondern nur als Kooperationspartner. Jeder sollte nach außen deutlich sichtbar als Einzelunternehmer firmieren, mit entsprechend eigener Corporate Identity, also eigenen Visitenkarten etc.

GbR: gesamtschuldnerische Haftung

Für einen begrenzten Auftrag können Sie sich auch als ARGE aufstellen, dies ist eine Form der GbR, bei der die Haftung nur auf den Auftrag begrenzt ist. Weitere Alternative mit Haftungsbegrenzung bei gleichzeitigem Erhalt der Freiberuflichkeit ist die Partnergesellschaft. Mehr dazu lesen Sie im Kapitel zu den »Organisations- und Rechtsformen«.

Frage 6: Gelte ich als Freiberufler oder Gewerbetreibender?

Während Trainer und Coachs als artverwandt mit dem freien Lehrer eingestuft werden, der auf der Liste der freien Berufe verzeichnet ist, und damit unstrittig freiberuflich tätig sind, sind Unternehmensberater unter Umständen Gewerbetreibende – jedenfalls sofern sie keine akademische Ausbildung besitzen und nur Unternehmensteile beraten (etwa die EDV). Oft entscheiden Finanzämter auch unterschiedlich, sodass Sie im Zweifelsfall eine schriftliche Einschätzung Ihres Finanzamts benötigen, um letztendlich beruhigende Sicherheit zu gewinnen.

Beim Finanzamt informieren

Frage 7: Welche Gesellschaftsform bietet sich an?

Als Trainer, Coach und Berater sind Sie bei einer akademischen Ausbildung normalerweise Freiberufler. Sind Sie zu mehreren Partnern, kommen für Freiberufler die Partnergesellschaft und die GbR infrage, denn beide erhalten die Freiberuflereigenschaft. Mit der Gründung einer

GmbH, einer Limited und natürlich auch einer AG werden Sie dagegen automatisch gewerblich tätig und müssen damit auch Gewerbesteuer zahlen.

Einstiegslösung GbR Da Sie als Trainer, Berater und Coach in der Regel kein Unternehmen gründen, das sehr hohe Investitionen erforderlich macht, bietet sich vielfach die GbR als Einstiegslösung an. Sind Ihre Kunden allerdings Firmen, bevorzugen vor allem die größeren Konzerne häufig die GmbH als Geschäftspartner. Dies gilt vor allem für Selbstständige im IT-Bereich, die auf Projektbasis arbeiten. Lesen Sie hierzu bitte wieder das Kapitel zu den »Organisations- und Rechtsformen«.

Frage 8: Empfiehlt sich die Kleinunternehmerregelung?

Die Kleinunternehmerregelung befreit Sie von der Pflicht, Umsatzsteuer für den Staat zu erheben und diese abzuführen. Sie nehmen also Bruttobeträge ein, können im Gegenzug aber auch keine Umsatzsteuer abziehen. Die Kleinunternehmerregelung dürfen Sie in Anspruch nehmen, wenn Sie im ersten Jahr weniger als 17 500 Euro und im zweiten Jahr nicht mehr als 50 000 Euro Umsatz erzielen.

Vor- und Nachteile Daraus ergibt sich, dass die Regelung nur bei nebenberuflichen Tätigkeiten oder Teilexistenzen infrage kommt. Und selbst dann empfiehlt sich die Inanspruchnahme nur, wenn Sie – erstens – für umsatzsteuerbefreite Institutionen arbeiten und – zweitens – kaum Investitionen tätigen müssen. Sobald Ihre Zielgruppe »Firmen« lautet, ist die Kleinunternehmerregelung auch marketingtechnisch unvorteilhaft: Sie müssen mit jeder Rechnung und auch schon im schriftlichen Angebot darauf hinweisen – und damit auch auf Ihre überschaubaren Umsätze. Dass Honorarverhandlungen vor diesem Hintergrund schwieriger sind (»Der macht das ja eh nur als Hobby, also zahlen wir weniger«), liegt auf der Hand. Viele Firmen lehnen Kleinunternehmer zudem ab, weil sie gar nicht verstehen, dass deren Beschäftigung an sich keine Nachteile birgt.

Die Grundlage: Kreative Geschäftsidee

Vielleicht sagen Sie sich jetzt: Ist doch klar, mit welcher Idee ich mich als Trainer oder Berater selbstständig mache! Aber das ist es nicht. Wenn Sie als freier Mitarbeiter auf einer vor allem vertraglich selbstständigen Basis starten, reichen vielleicht Fachkenntnisse, didaktisches Können und gute Beziehungen, um genügend Euros für den Lebensunterhalt zu verdienen. Aber reicht es auch perspektivisch – also mit Blick auf das Entwicklungspotenzial der nächsten Jahre? Wenn Dozenten, Trainer oder Coachs sich ohne richtige Idee selbstständig machen, birgt dies immer das Risiko des Misserfolgs und der Abhängigkeit von einem oder wenigen Auftraggebern. Ich nenne es die »Freie-Mitarbeiter-Falle«.

Sofern Sie jedoch ein langfristig trag- und ausbaufähiges Unternehmen aufbauen wollen – auch als Ein-Mann-Firma oder im zweiten Schritt nach einer Phase als freier Mitarbeiter –, brauchen Sie eine gute und kreative Idee. Erfolgreiche Gründer haben immer etwas Einzigartiges zu bieten, besetzen eine Nische, machen etwas anders als die anderen!

Einzigartiges bieten

Und darum lernen Sie in diesem Kapitel,

- was eine gute Idee im Trainingsbereich ausmacht,
- wie Sie eine Idee entwickeln und
- wie Sie Ihre Idee auf Kompatibilität zum Markt testen.

Die »Freie-Mitarbeiter-Falle«

Um gleich mit einem gängigen Vorurteil aufzuräumen: Freie Mitarbeit hat nichts mit steuerrechtlicher Freiberuflichkeit zu tun. Sie ist vielmehr dadurch gekennzeichnet, dass Sie nicht im direkten Kundenauftrag arbeiten, sondern für ein Institut oder Unternehmen. Diese Form der Selbstständigkeit engt Ihre Selbstdarstellung beträchtlich ein. Und sie wird, vor allem im Weiterbildungsbereich, oft erbärmlich schlecht bezahlt. Ausschließlich von freier Mitarbeit leben etwa Dozenten an den Volkshochschulen, bei den Handelskammern oder Weiterbildungsinstituten, die die undankbare Aufgabe haben, auch im Auftrag der Agentur für Arbeit zu qualifizieren.

Freie Mitarbeit

Mir sind nicht wenige freie Dozenten begegnet, die eine dreiviertel Stunde für einen Lohn von 18 Euro unterrichten. Diese Dozenten bekommen von ihrem Auftraggeber keine Pausen bezahlt, keinen Urlaub und keine Sozialversicherungen. Sie unterrichten nicht selten von »PowerPoint für Profis« bis zu »Java für Einsteiger« einfach alles – und können bei vollem Einsatz oft kaum mehr als 2500 Euro im Monat verdienen, was für einen Selbstständigen ein extrem geringes Einkommen darstellt.

Mehrere Einnahmequellen

Für mich ist dies keine unternehmerische Tätigkeit: Dozenten in freier Mitarbeit sind höchstens steuerrechtlich selbstständig – mehr in aller Regel nicht. Die meisten Einnahmen werden häufig aus ein und derselben Quelle geschöpft. Konsequenz: Fällt ein Auftraggeber aus, reißt dies gleich den freien Mitarbeiter mit in die Krise. Um dies zu vermeiden, sollten gerade freie Mitarbeiter darauf achten, nie dauerhaft mehr als 20 Prozent aus derselben Quelle einzunehmen.

Trotz dieser kritischen Worte: Es gibt es viele Dozenten, die sehr zufrieden mit ihrer Arbeit sind und mehrere Auftraggeber haben, die sie voll auslasten. Es handelt sich dabei zumeist um Dozenten, die gar nicht Unternehmer sein wollen, sondern einfach »nur« selbstständig. Und wenn der Stundensatz nicht unter 40 Euro fällt, ist eine solche Tätigkeit ja auch finanziell zu vertreten: Schließlich ist es etwas anderes, ob Sie nun fünf Trainingstage im Monat à 1000 Euro verkaufen können und jede Menge Aufwand durch die Akquisition haben – oder ob Sie nur durch einen Eintrag in Semester- oder Monatslisten jeden Tag voll ausgelastet sind und mit 8 mal 40 Euro mal 5 Tage mal 4 Wochen rechnen können.

Schritte aus der freien Mitarbeit

Oft ist freie Mitarbeit ein Einstieg. Je mehr Sie Ihre Kenntnisse verfeinern und je klarer Sie sich mit Ihren Fähigkeiten positionieren können, desto leichter wird es Ihnen fallen, Auftraggeber aus der freien Wirtschaft zu gewinnen.

Exit-Strategien

Häufig aber ist es sinnvoll, sich von der freien Mitarbeit zu lösen. Dann stehen zwei »Exit«-Strategien für freie Mitarbeiter zur Verfügung:

1. Wenn Sie sich selbstständig machen und einen Hauptauftragnehmer in die Selbstständigkeit mitnehmen, können Sie im ersten Jahr sukzessive neue Kunden akquirieren und das Auftragsvolumen bei Ihrem ersten Hauptauftraggeber schließlich reduzieren oder es an einen Mitarbeiter, den Sie einstellen, delegieren. Jener Hauptauftragnehmer garantiert Ihnen jedoch zunächst einmal eine solide Basis.

2. Sollten Sie mit einem Gemischtwarenladen – vom Präsentationstraining bis zum Manager-Coaching – starten, so wandeln Sie diesen sukzessive in ein Fachgeschäft um. Fokussieren Sie sich mithilfe der Tipps auf den nächsten Seiten auf eine Nische und versuchen Sie, nach und nach auch erste direkte Aufträge zu gewinnen.

Auch wenn die Bindung an einen Auftraggeber Sicherheit gibt und lukrativ scheint: Nur einen oder wenige Abnehmer zu haben, ist aus unternehmerischer Sicht höchst gefährlich!

Die Positionierung

Stellen Sie sich einen Marktplatz vor, auf dem Seminare und Beratungsleistungen vertrieben werden. Wo stehen Sie mit Ihrem Stand? Wo ist Ihre Position? Sehen Sie sich in Nähe der Vertriebstrainer für die IT-Branche oder dort, wo die Coachs stehen?

Bitte versuchen Sie nie, sich mitten hineinzustellen. Wenn schon noch ein Coach, dann bitte ein besonderer, ein Ordnungs-Coach zum Beispiel oder ein Positionierungs-Coach für die Trainerbranche. Womit wir bei der thematischen Positionierung wären, der Abgrenzung über Inhalte und Kernkompetenzen. Dazu gehört auch die Abgrenzung über eine bestimmte Methode, die Sie selbst erfunden und am besten auch gleich als Marke geschützt haben (siehe EKS®-Strategie von Wolfgang Mewes oder das Life-Work-Planning nach Bolles).

Auf »Marktplatz« positionieren

Eine solche Art der Abgrenzung ist die mit Abstand am meisten erfolgversprechende. Aber nicht jeder Trainer oder Berater will gleich überregionalen Erfolg. Oft steht vor der »Erfindung« eines einzigartigen Themas und dem Finden einer Nische ein längerer Entwicklungsprozess. Ohne diesen Prozess hätten auch erfolgreiche Trainer nicht ihr Thema oder ihre Nische finden können. Verzweifeln Sie also nicht, wenn Sie nicht gleich die ultimative Idee haben: Vieles beginnt und wächst im Kleinen, und nicht jeder Gründer möchte auch gleich ein hoch bezahlter Startrainer werden.

Geduld beweisen

Die folgende Tabelle zeigt, wie Sie sich sonst noch positionieren können – mitunter ist es dabei sinnvoll, zwei bis drei Merkmale zu kombinieren, um den eigenen Platz auf dem Markt zu definieren.

Positionierungsmerkmale kombinieren

Praxischeckliste »Positionierungshilfe«

Positionierung über	Wie? Wann?	Beispiel	Risiken
Ausbildung	Wer bei einer Koryphäe ein paar offizielle Stunden genossen hat, verschafft sich so Zugang zum Markt.	Karriereberaterin Madeleine Leitner, die bei Dick Bolles in »die Schule« gegangen ist	Es handelt sich »nur« um einen Trend.
Erfahrung	30 Jahre Erfahrung in der Personalabteilung der Bankbranche sind ein enormer Vorsprung.	Diverse Personalberater, die sich im fortgeschrittenen Alter selbstständig machen	Allein oft nicht ausreichend, sofern Kontakte nicht gut / vielseitig genug
Methode	Entweder Sie selbst entwickeln eine neue Methode (»Humor-NLP«) oder Sie verfolgen die Methode eines bekannten Trainers.	Erfolgsteams nach Barbara Sher	Wenn zu viele auf einen neuen Zug aufspringen, ist der Markt bald gesättigt.
Thema	Das Thema ist einfach noch nicht besetzt – oder noch nicht von einer wirklichen Koryphäe.	Zeitmanagement-papst Lothar Seiwert	Die Nische wird zu klein – rechtzeitig an Erweiterung denken.
Persönlichkeit	Abgrenzung über eine besondere Art, mit Kursteilnehmern oder Menschen umzugehen	Sabine Asgodom	Die Person ist plötzlich als Typ nicht mehr gefragt.

Region	Wenn es in Ihrer Umgebung zum Beispiel noch keine Sprachenschule gibt	Sprachenschule in der schleswig-holsteinischen Stadt Wedel	Schnell kann das nächste Institut aufmachen und zur Konkurrenz werden.
Service	Wenn Sie merken, dass es bei anderen daran hapert, können Sie auf diese Karte setzen.	Überall möglich	Oft machen straffe Kostenvorgaben ehrgeizige Ziele zunichte.
Team	Wenn Sie zum Beispiel zu zweit sind und im Doppelpack auftreten, um doppelte Kompetenz zu signalisieren	»Bewerberpäpste« Jürgen Hesse und Hans-Joachim Schrader	Streit unter den Kollegen
Unternehmensgröße	Die meisten Trainer sind Einzelkämpfer. Wer hier zum Beispiel spezielle Kompetenz im IT-Bereich mit unterschiedlichen Personen abdeckt und bündelt, dürfte einen Marktvorteil haben.	Pegasus Informatik AG, www.pegasus-informatik.de	Hohe Gründungs- und Markterschließungskosten
Zertifizierungen	Eine bestimmte Klientel in bestimmten Branchen legt enormen Wert auf die »richtige« Zertifizierung.	Supervisoren des DGSV	Die Zertifizierung hat höhere Priorität als die Persönlichkeit. Fast automatisch führt dies dazu, dass die Person in den Hintergrund rückt; Gefahr von nachwachsender Konkurrenz, durch Vergleichbarkeit. Druck auf Preise möglich

EKS – die Engpass-Konzentrierte Strategie

Vom Thema Positionierung ist es nur ein kleiner Schritt zu EKS, einer Erfolgsstrategie, die davon ausgeht, dass jedes Unternehmen, aber auch jeder Selbstständige und auch jeder Angestellte sich auf seine Stärken konzentrieren sollte. Nur eine solche Nischenpositionierung schafft die Voraussetzung für langfristigen Erfolg.

Erfolgs-eckpfeiler

Die engpasskonzentrierte Verhaltens- und Führungsstrategie wurde von dem Strategieexperten Wolfgang Mewes bereits in den frühen Siebzigerjahren entwickelt, gewinnt aber erst in den letzten Jahren zunehmend an Bedeutung. Mewes hatte durch Beobachtung von Erfolgskonzepten vier Eckpfeiler identifiziert:

Eckpfeiler des Erfolgs

1. Eckpfeiler **Stärkenkonzentration**: Konzentrieren Sie sich auf Stärken, verzetteln Sie sich nicht, indem Sie versuchen, Schwächen auszubügeln.
2. Eckpfeiler **Kräftebündelung**: Bündeln Sie Ihre Kräfte mit Blick auf eine klar und eng umrissene Zielgruppe. Ihre Dienstleistung darf nicht für jeden sein.
3. Eckpfeiler **Nische**: Besetzen Sie eine Nische. Sie sollten nie genau das machen, was bereits von anderen angeboten wird.
4. Eckpfeiler **Problemlöser sein**: Entwickeln Sie sich zum besten Problemlöser für Ihre Zielgruppe. Das bedeutet auch, dass Tiefen-Know-how wertvoll ist. Versuchen Sie also lieber, immer besser zu werden, statt immer mehr anzubieten!

Sie entwickeln Ihr Unternehmen auf der Basis der EKS-Strategie, indem Sie sechs zeitlich aufeinander folgende Phasen durchlaufen:

Phase 1: Kernkompetenzen

Ermitteln Sie Ihre absoluten Kernkompetenzen. Bedenken Sie, dass es sich um kommunizierbare Kernkompetenzen handeln muss. Diese Kompetenzen müssen Sie von anderen unterscheiden, es dürfen keine Selbstverständlichkeiten sein. Dass ein Trainer kommunikativ ist, versteht sich von selbst. Dass er eine neue und bisher unentdeckte Methode in den USA kennen gelernt hat, dagegen nicht.

Schreiben Sie Ihre Kernkompetenzen auf Kärtchen und heften Sie sie an den Metaplan. Bringen Sie die Kernkompetenzen in eine Rangordnung. Nehmen Sie Karten ab, die nicht wirklich zur Kernkompetenz gehören, bis nur eine einzige Karte übrig bleibt. Analysieren Sie diese hinsichtlich folgender Fragen:

Kernkompetenz ermitteln

- Haben andere die gleiche Kernkompetenz? Wenn ja: Wie lässt sich diese abändern, sodass sie einzigartig wird?
- Ist diese Kernkompetenz leicht kommunizierbar, verstehen andere sie?
- Löst diese Kernkompetenz ein Problem?
- Welche Zielgruppe wird durch die Kernkompetenz angesprochen?

Phase 2: Geschäfts- und Aufgabenfeld

Was ist das Geschäfts- bzw. Aufgabenfeld, das den meisten Erfolg verspricht, weil es keine nennenswerte Konkurrenz gibt?

Analysieren Sie Geschäfts- und Aufgabenfelder, indem Sie sich die hier bereits aktiven Trainer anschauen, etwa Vertriebstrainer in der Automobilbranche oder Trainer für Risikomanagement. Je kleiner die Segmente sind, die Sie sich anschauen, desto eher werden Sie auf Ideen kommen. Manchmal liegt die Lösung auch in einer Kombination mit Phase 3 – also der Frage nach der Zielgruppe.

Konkurrenzanalyse

Phase 3: Zielgruppe festlegen

Welches ist die Zielgruppe, die braucht, was Sie anbieten? Wenn Sie eine bestimmte Zielgruppe festgelegt haben, aber nicht genau wissen, was diese benötigt, fragen Sie in der Zielgruppe nach. Fragen Sie so viel und so offen Sie können: »Brauchen Sie so etwas? Was wünschen Sie sich?«

Zielgruppenanalyse

Phase 4: Problemlösung

Was ist das am meisten brennende Problem dieser Zielgruppe – und was die Lösung? Das brennende Problem Ihrer Zielgruppe ist nicht immer auf den ersten Blick erkennbar. Durch Gespräche mit der Zielgruppe kommen Sie ihm aber irgendwann auf die Spur. Das brennende Problem kann das Thema »Wie finde ich wirklich gute Coachs?« sein, wenn Sie sich die Zielgruppe der Entscheider im Personalbereich anschauen. Ihre Idee könnte es also sein, ein Verfahren für die Vorauswahl zu entwickeln. Das brennende Problem hilft Ihnen somit ganz konkret bei der Produktentwicklung!

Das brennende Problem

Phase 5: Brainstorming

Innovations-fähigkeit

Wie lassen sich durch immer neue Innovationen die Bedürfnisse der Zielgruppe stillen? Führen Sie ein Brainstorming durch. Welche Produkte können Sie aus Ihrer Idee heraus »gebären«? Wenn Sie ein Verfahren zur Vorauswahl von Coachs etablieren, so könnten Sie eine Zertifizierung für dieses Verfahren, Workshops zur Vorbereitung, Kurztests etc. entwickeln. Sie können das Verfahren zudem hinsichtlich unterschiedlicher Zielsetzungen variieren und immer neue Tools daraus ableiten.

Phase 6: Strategische Partner finden

Gemeinsam stark sein

Gewinnen Sie strategische Partner, mit denen Sie Ihr Geschäftsfeld ergänzen. Mit welchen Kooperationen können Sie die Probleme Ihrer Kunden noch umfassender lösen? Allein sind Sie stark, zu mehreren noch stärker – denn mit verschiedenen Kernkompetenzen sprechen Sie eine breitere Zielgruppe an. Überlegen Sie, wer für Sie strategischer Partner sein kann, am besten in einer Gruppe, denn der Input verschiedener Ideengeber ist für Sie extrem wertvoll.

Analysetabelle für die Positionierung

Sie haben nun bereits umfangreiche Vorarbeiten geleistet. Nun sollten Sie versuchen, Ihre Denk- und Arbeitsergebnisse zu systematisieren und auf den Punkt zu bringen – die Tabelle zeigt ein Beispiel:

1	Meine kommunizierbaren Kernkompetenzen	■ Französisch mit Spaß und Humor vermitteln ■ Vermittle Smalltalk-Kompetenzen in sechs Wochen ■ Interkultureller Ansatz durch langjährige Aufenthalte in USA, Deutschland, Spanien
2a	Mein Aufgabenfeld	■ Lehren und Trainieren
2b	Mein Geschäftsfeld	■ Weiterbildung ■ Personalentwicklung

3	Meine Zielgruppe	■ Geschäftsleute, Expatriates, die schnell sprachlich für Auslandsaufenthalte vorbereitet werden müssen
4	Das Problem der Zielgruppe	■ Wenig Zeit, muss ins Ausland oder steht vor Treffen mit ausländischen Partnern und kann kein Französisch
5	Bedürfnisse der Zielgruppe	■ Schnell kommunizieren können
6	Strategische Partner	■ Trainer mit gleichen Kernkompetenzen in anderen Sprachen ■ Interkulturelle Trainer ■ Vermittler von Expatriates

Und nun fassen Sie bitte Ihre Überlegungen zur Positionierung zusammen:

Ihre Positionierung

1	Meine kommunizierbaren Kernkompetenzen	
2a	Mein Aufgabenfeld	
2b	Mein Geschäftsfeld	
3	Meine Zielgruppe	

4	Das Problem der Zielgruppe	
5	Bedürfnisse der Zielgruppe	
6	Strategische Partner	

Chancen und Risiken einer klaren Positionierung

Schauen Sie einmal um sich, wenn Sie über die Straßen gehen. Die Geschäfte sind nicht mehr dieselben wie vor zehn Jahren. Auch das Angebot in den Regalen hat sich geändert, viele Marken sind dazugekommen, andere sind verschwunden.

Produktlebenszyklus Das liegt am Produktlebenszyklus, der auch Dienstleistungen trifft. Alles hat seine Hoch-Zeit, nichts wird dauerhaft auf gleichem Niveau nachgefragt. So boomt Outplacement (Karriereberatung in Unternehmen) in Zeiten des Stellenabbaus, während bei Fachkräftemangel Headhunter gefragt sind. Life-Work-Balance ist seit einigen Jahren ein Trendbegriff, aber auch das wird nicht so bleiben.

Wendige Unternehmer wissen das und beobachten ihren Markt mit Abstand und mit Blick auf künftige Entwicklungen. Das bedeutet auch, dass die Nische – klare Positionierung hin oder her – nie zu klein gewählt werden darf. Sie muss erweiterbar sein, muss Potenzial für allerlei Variationen, für Aufbau und Veränderung bieten.

Nische finden Ein Thema wie »Zeitmanagement« erfüllt diese Voraussetzungen. Es lässt unendlich viele Fragestellungen zu: Wie kann ich mehr Zeit für die Familie gewinnen, effizienter arbeiten, meine Mitarbeiter zu Zeitmanagern entwickeln? Und schließlich lassen sich relativ einfach die dazu passenden Produkte entwickeln: Seminare, Vorträge, Workshops, Beratungen zu allen möglichen Themen, in deren Mittelpunkt das Wort ZEIT steht. Und dann kann ein Trainer, der über die entsprechende Kernkompetenz verfügt, sogar »Papst« werden – Zeitmanagement-Papst wie Lothar Seiwert.

Das Beispiel verdeutlicht die Bedeutung des Aspekts »Konzentration auf Kernkompetenzen« – und gibt diesem zugleich eine andere Färbung. Kernkompetenzen sollten niemals auf bestimmte Fachkenntnisse begrenzt sein, die sich auch jemand anders erwerben kann. Vielmehr kommt es darauf an, dass sich jene Kernkompetenz immer weiter in die Tiefe entwickeln lässt, sodass sie von der Konkurrenz nicht einfach kopiert werden kann und einen nur schwer einholbaren Wettbewerbsvorsprung ermöglicht.

Kompetenzen in die Tiefe entwickeln

Wer sich im IT-Bereich spezialisiert, sollte heute schon die Trends von morgen kennen und sich entsprechend vorbereiten. Die meisten ITler indes versäumen das: Über das gute Gefühl, heute gefragt zu sein, vernachlässigen sie die Frage nach zukünftigen Trends. Ein PHP-Programmierer etwa war vor sechs Jahren einen Stundenlohn von 80 Euro wert, heute erzielt er gerade mal 35 Euro. Wäre er dagegen frühzeitig auf die Software Peoplesoft umgesattelt, könnte er es auch jetzt noch auf 85 Euro bringen. Sie sehen: Eine Nische darf auf keinen Fall eine Einbahnstraße sein. Wenn Sie sich Ihr Kernthema als Kreis vorstellen, so muss dieser ständig erweiterbar sein. Fragen Sie sich:

Welche neuen Kenntnisse ergänzen meine bestehenden und werden künftig gefragt sein? Wie kann ich heute schon auf das Pferd von morgen aufspringen?

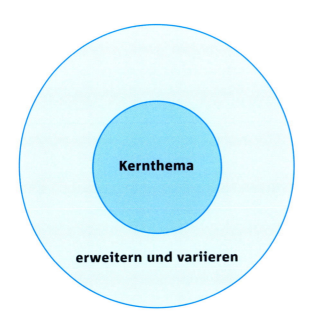

Nicht ohne Gefahren: Positionierung über den Preis

Versuchen Sie nie, sich über einen niedrigen Preis zu positionieren. Niedrige Preise können sich Lidl und Aldi leisten, weil sie europaweit vertreten sind und durch ihre Einkaufsmacht beim Hersteller sehr viel günstiger einkaufen können. Trainer jedoch lassen sich nicht im 1000er-Pack einkaufen, die Sparmöglichkeiten sind auf die Nutzung von Synergieeffekten durch bundesweite Aufstellung und eine zentrale Organisation inklusive eines zentralen Einkaufs begrenzt.

Gutes Geld für gute Leistung

Für Trainer, Berater und Coachs ist der Markteintritt über einen niedrigen Preis gefährlich, weil Erhöhungen ohne Veränderung des Angebots und der Zielgruppe kaum noch möglich sind. Zudem muss eine Dienstleistung immer speziell und einzigartig sein – für spezielle und einzigartige Dinge wird immer gutes Geld bezahlt werden.

Hochpreisniveau – auch das geht

Sie können aber natürlich in die andere Richtung gehen und sich auf ein hochpreisiges Niveau verlegen. Schauen Sie sich etwa an, was die Referenten bei der Referentenvermittlung Speakers Excellence verdienen: 3000 Euro für einen Impulsvortrag sind da ganz normal. Was diese teuren Referenten auszeichnet? Ein Thema, zu dem sie möglichst auch gleich ein Buch geschrieben haben. Und das Selbstbewusstsein, sich über einen hohen Preis zu verkaufen und diesen auch tatsächlich zu fordern. Startrainer werden nicht gemacht, Startrainer machen sich selbst.

Der Trick mit »dem einen Begriff«

Zentraler Inhalt

»Wofür stehen Sie? Bitte nennen Sie nur einen einzigen Begriff!« Die meisten Gründer verlieren sich nach einer solchen Aufforderung in einen Wortschwall. Beantworten können sie diese Frage nicht. Dabei ist sie zentral für den beruflichen Erfolg. Nur wer seine Dienstleistung auf einen kurzen Begriff reduzieren kann, wird überregional erfolgreich sein und höhere Honorare verlangen können. Zugleich ist es unternehmerisch effizient, sich auf einen zentralen Inhalt zu konzentrieren: Sie müssen sich nicht immer neu einarbeiten, sondern können sich darauf konzentrieren, Ihr Thema zu vermarkten und in ihm immer besser zu werden.

Wer also mehr will als nur seinen Unterhalt bestreiten, nämlich ein erfolgreiches Unternehmen aufbauen, muss eine Antwort auf jene Frage finden.

Ihr Ziel sollte sein, dass Ihr Name irgendwann als Synonym für ein bestimmtes Thema steht, das gleichbedeutend mit Ihrer Kompetenz ist.

Ähnlich wie »Lothar Seiwert« Synonym ist für »Zeit« oder Anni Hausladen (siehe das Trainerporträt unten) Synonym für »Frauen klüngeln«.

Dafür müssen Sie dem Kern Ihrer Idee auf die Spur kommen. Schreiben Sie zunächst einmal alle Begriffe, die Sie mit der Idee assoziieren, auf Kärtchen. Bringen Sie diese dann in eine Ordnung. Welcher ist der für Sie und Ihre Kunden wichtigste Begriff? Beachten Sie:

Zentralen Inhalt benennen

- Der Begriff sollte auf ein möglichst elementares Bedürfnis zielen.
- Der Begriff sollte einfach sein.
- Der Begriff sollte sich leicht merken lassen.
- Der Begriff sollte überall auf Anhieb verständlich sein.
- Der Begriff sollte berühren.
- Der Begriff sollte breit genug sein, um darunter unterschiedliche Dienstleistungen zu bündeln.

Beispiel

Sehr gut gelungen ist dies etwa der Agentur für Freundlichkeit Tanja Baum GmbH in Köln, die beispielsweise Verkäufer im Freundlichsein unterrichtet. Prima funktionieren auch der »Ordnungs-Coach« und der Ernährungstrainer.

Um dem eigenen Unternehmenskern auf die Spur zu kommen, sollten Sie sich Zeit nehmen. Hilfreich ist die Sichtweise einer oder mehrerer neutraler Personen, etwa der Mitglieder eines Erfolgsteams. So ein Erfolgsteam besteht aus mehreren Gründern mit unterschiedlichen beruflichen Zielsetzungen und trifft sich unter fachkundiger Moderation oder auch selbstorganisiert ein- bis zweimal im Monat.

Fremde Sichtweisen nutzen

2 Die Grundlage: Kreative Geschäftsidee

Das Dreibein: Sicherheit durch mehrere Standbeine

Mehrere Standbeine Erst einmal danke ich meinem Kollegen und DVCT-Vorstand Axel Janßen für den Begriff »Dreibein«. Das »Dreibein« ist die Antithese zur EKS. Es besagt, dass sich auf drei Beinen fester steht als auf einem – und das ist genauso wahr wie die Philosophie der EKS. Gerade zu Beginn der Existenzgründung – wenn Sie Geld brauchen – müssen Sie unter Umständen zwei- oder dreigleisig fahren, um überhaupt zu überleben. Dies kann im Extremfall bedeuten, dass Sie neben dem Trainergeschäft auch Tintenpatronen aufladen und verkaufen (was Sie bitte marketingtechnisch aber *nicht* kommunizieren!). Ich habe Berater kennen gelernt, die Pakete ausfahren oder halbtags einen Blumenladen führen. Und das ist auch in Ordnung – so lange Sie ein Hauptgeschäft haben, das langsam, aber beharrlich wächst und stets gut gedüngt und gepflegt wird.

Sich auf ein Dreibein zu stützen, kann auch heißen, dass Sie einerseits als freier Mitarbeiter einigermaßen sichere, aber schlecht bezahlte Aufträge bearbeiten, andrerseits aber auch direkt für Unternehmen tätig sind.

Risiken mindern Dreibeine federn ihr Risiko ab, wenn der Aufbau des Nischenunternehmens zu lange dauert – Spezialisten wachsen langsam! Sie schützen sich so zudem vor Zeiten, in denen ihr eigentliches Geschäft nicht so gut läuft. So ist es ein sehr beruhigendes Gefühl, nach einem abgeschlossenen Projekt als IT-Berater – wenn sich oft monatelang nichts »Neues« abzeichnet – durch Hardwareverkauf auch zwischendurch Einnahmen verbuchen zu können.

Sich auf ein Dreibein zu stützen, widerspricht zwar der bewährten EKS, ist aber legitim. Aber Achtung:

Verwirren Sie Ihre Kunden nicht, indem Sie auch Ihre Präsentation nach außen multidimensional gestalten.

Der Kunde sieht am besten nur ein Bein – oder besser: ein Gesicht – von Ihnen. Und wenn Sie zwei oder drei Geschäfte betreiben, drucken Sie am besten mehrere Visitenkarten – statt einer, auf der Sie alle drei Standbeine kommunizieren. Allerdings: Training, Beratung, Coaching – das ist eine Ausnahme, die Begriffe harmonieren miteinander.

Marken anmelden

Immer wieder fragen mich Gründer, ob sich ihre Ideen schützen lassen. Diese Frage lässt sich klar verneinen. Patente sind Entwicklungen mit »Gestaltungshöhe«, das heißt, es muss ein komplexes System und eine ausgetüftelte Funktionsweise dahinterstehen. Zudem sind Patente immer anfassbar, Ideen nicht.

Nicht schützbar als Patent oder Gebrauchsmuster sind auch neue Methoden. Schützbar ist indes die Marke – also etwa die Bezeichnung für eine Methode.

Wenn Sie einen Begriff gefunden haben, der Ihre Kernkompetenz beschreibt und individuell und speziell genug ist, dann lohnt es sich, darüber nachzudenken, diesen als Marke anzumelden. Dies geht allerdings nur mit nicht beschreibenden Begriffen wie etwa »Google«. Ein »Karrierecoacher« kann keine Marke anmelden, auch wenn das »er« am Schluss der Bezeichnung so bisher keiner verwendet. Auch ein Ordnungs-Coach wird mit der Markenanmeldung aller Wahrscheinlichkeit nach nicht durchkommen. Etwas anderes ist es, wenn Sie den Namen im Kontext seiner Gestaltung als Wort-/Bildmarke anmelden, also als Schriftzug mit individuellem Charakter und integriertem Wort (welches dann auch durchaus beschreibend sein darf). Ein Beispiel dafür ist Anni Hausladens markengeschütztes »Klüngeln & Co.«. Das Problem bei der Markenanmeldung jedoch: Es dauert bis zu anderthalb Jahre, bis eine Marke als solche anerkannt wird.

Markenanmeldung dauert lange

Übung: Dem »einen Begriff« auf die Spur kommen

Wofür stehen Sie? Erarbeiten Sie dies in einem Brainstorming:

- Beschreiben Sie Ihr Vorhaben, Ihre beruflichen Zielsetzungen und die Zielgruppe.
- Bitten Sie die anderen, nur einen Begriff herauszuschreiben, auf den sich Ihre Unternehmung reduzieren lässt.
- Heften Sie die Begriffe an den Metaplan und analysieren Sie ihren Gehalt hinsichtlich der »Eckpunkte des Erfolgs« (S. 20).

Wer zuerst kommt, mahlt zuerst

Dabei braucht es die Marke an sich gar nicht, um Markenschutz zu erlangen, denn allein der Gebrauch reicht aus, um eine Marke als Marke zu etablieren. Doch ab wann ist ein Begriff so gängig, dass er Markencharakter hat? In der Praxis ist die Beweisführung schwierig. Als Gründer sollten Sie deshalb immer dann, wenn Sie sich über einen bestimmten Begriff wie Klüngeln & Co.® oder eine neue Methode (Beispiel ist die Kurzzeit-Coachingmethode »Wingwave«®) etablieren möchten, über eine Markenanmeldung nachdenken. Dabei gilt: Wer zuerst kommt, mahlt zuerst – kann jemand beweisen, dass er seine Marke schon lange vor Ihnen verwendet hat, haben Sie schlechte Karten.

> **Die Recherche ist also eine wichtige Vorarbeit, die Sie leisten müssen: Bevor Sie etwas anmelden, müssen Sie sichergehen, dass es diesen Begriff oder diesen Begriff im Gestaltungszusammenhang (Wort-/Bildmarke) noch nicht gibt.**

Für diese Recherche können Sie ausgebildete Rechercheure beauftragen. Ein gutes Bild ergibt sich aber oft schon, wenn Sie bei der zentralen Registrierungsstelle für de-Domains www.denic.de checken, ob die entsprechende Domain frei oder besetzt ist, und zusätzlich das Internet per Google durchforsten.

Trainerporträt: Anni Hausladen von Klüngeln & Co.® – www.frauen-kluengeln.de

Anni Hausladen ist Diplom-Betriebswirtin, und das merkt frau: In Sachen Produktentwicklung und Marketing ist die Kölnerin einfach perfekt. »Klüngeln & Co.« heißt ihr Projekt, was nun auch als Marke geschützt ist. Klüngeln ist das kölsche Wort für netzwerken, es beschreibt diese spezifisch leichte rheinische Art, sich zu vernetzen.
Die Erfolgsstory begann mit einem 2001 bei Rowohlt erschienenen Buch, in dem Anni Hausladen Frauen das Klüngeln nahe brachte – kölschen, aber auch Frauen aus allen anderen Regionen, aus Österreich und der Schweiz.
Bevor sie mit dem – nun auch perfekt im Internet inszenierten – »Klüngeln & Co.« begann, war Hausladen Supervisorin und Business-Coach. So weit, so normal. Mit ihrem Klüngel-Workshop zieht Hausladen inzwischen durch mehrere Länder. Sie begeistert in Vorträgen, auf Workshops und Seminaren. Und kreiert ständig neue Produkte: ein Smalltalk-Dinner etwa, bei dem Frauen beim feinen Essen miteinander ins Gespräch kommen.

Teamideen – der gemeinsame Auftritt

Zu zweit oder dritt gründen – das ist in der von Einzelkämpfern dominierten Beraterbranche eher die Ausnahme. Dabei kann das gemeinsame Auftreten durchaus Bestandteil einer Gründungsidee sein – etwa dann, wenn Sie sich als Bewerbungsberater-Duo den Markt erschließen wollen oder wie das NLP-Ehepaar Besser-Siegmund zu zweit ein Institut aufmachen oder als Mann und Frau das Ying/Yang-Prinzip vertreten.

Vielleicht möchten Sie auch direkt ein Spracheninstitut gründen, möglicherweise spricht ein virtueller Verbund aus verschiedenen Spezialisten Sie eher an. Seien Sie aber vorsichtig, was die rechtlichen Konsequenzen betrifft, und lesen Sie unbedingt das Kapitel zu den »Organisations- und Rechtsformen«.

Rechtliche Konsequenzen

Was die Idee selbst betrifft: Schaffen Sie Klarheit über die Rollen, die Sie im Gründerteam einnehmen werden. Wer macht was? Wer steht wofür?

Es macht wenig Sinn, wenn jeder alle Aufgaben übernimmt und beide oder drei Gründer für ein und dasselbe stehen. Auch Unternehmensberatungen funktionieren besser, wenn Kompetenzen verteilt sind. Beispiel für gutes Teamwork: In einer Unternehmensberatung für die Hotelbranche kümmert sich ein Gründer um die betriebswirtschaftlichen Auswertungen und ein anderer um die Marketinganalysen.

Teams funktionieren am besten, wenn sich die Gründer gegenseitig ergänzen. Zwei Kreative an der Spitze eines Unternehmens werden sich früher oder später ins Gehege kommen – oder den Fokus zu stark auf die kreative Arbeit legen, wo doch die kaufmännische genauso wichtig ist.

Kompetenzen ergänzen

Betriebsübernahme oder Einstieg in ein vorhandenes Geschäft

Gerade im Unternehmensberatungsbereich werden häufig Geschäftspartner gesucht, die sich gleich mit einer Einlage beteiligen oder die ganze Beratungsfirma kaufen sollen. Dabei ist es bei einem auf Dienstleistungen beruhendem »Business« besonders schwer, den richtigen Preis festzulegen. Einen Wert haben hier vor allem die Kunden. Aber: Werden diese dem neuen Besitzer oder einem neuen Partner genauso treu sein wie dem Vorgänger? Dies ist die Kernfrage, die Sie klären müssen, bevor Sie das finanzielle Risiko einer Betriebsübernahme oder des Einstiegs in ein vorhandenes Geschäft eingehen. Schalten Sie zudem unbedingt einen

Sachverständigen befragen

fachkundigen Sachverständigen ein, der auch die betrieblichen Auswertungen und die Bilanz bzw. die Einnahmen-Überschuss-Rechnungen der letzten Jahre prüft.

Checkliste:
Betriebsübernahme und Beteiligung

Bei einer Betriebsübernahme oder Beteiligung sollten Sie folgende Fragen klären:

Allgemeine Fragen

- Was ist der Grund für die Suche nach einem Nachfolger oder einer Beteiligung? Vorsicht, wenn ein Einzelkämpfer plötzlich Partner sucht – das hat oft finanzielle Gründe!
- Wie weit lassen sich Verantwortlichkeiten trennen?
- Wie weitgehend ist die Bereitschaft, Veränderungen und Einschnitte mitzutragen?

Fragen zu den Kunden

- Wer sind die Kunden?
- Wie sehen Kunden das Unternehmen? (anonym nachfragen!)
- Bestehen aktuelle Aufträge?
- Bestehen laufende Rahmenverträge?
- Wie fest sind die Kunden ans Unternehmen gebunden?
- Akzeptieren die Kunden einen Wechsel an der Spitze?
- Wie aktuell ist die Kundenkartei? (Stichproben!)
- Gibt es ausreichend viele Kunden oder besteht zum Beispiel Abhängigkeit von einem Großkunden?
- Wie fest ist die Kundenbindung?

Fragen zu den Finanzen

- Welche Umsätze und Gewinne erzielt das Unternehmen? Wie haben sich diese in den letzten fünf Jahren entwickelt?
- Welche Abschreibungen laufen?
- Welche Zinsen müssen bezahlt werden?
- Sind auffällige Einbrüche erkennbar? Womit sind diese zu erklären?

Fragen zu den Mitarbeitern

- Wie viele Mitarbeiter sind angestellt – und zu welchen Konditionen?
- Wie sind deren Kündigungsfristen? Was sind es für Mitarbeiter? Sprechen Sie mit ihnen!
- Welche Qualifikationen haben die Mitarbeiter? Entsprechen diese den Notwendigkeiten und den Markterfordernissen?
- Wer kümmert sich bisher um das Personal?

Fragen zum Wettbewerb

- Welche anderen Beratungsfirmen sind in dem gleichen Segment aktiv?
- Wer ist Marktführer?

Fragen zu Räumen und zum Standort

- Wie ist die Mietzeitdauer?
- Ist der Standort der Kundschaft angemessen?
- Gibt es ausreichend Parkplätze?
- Ist Platz für Sie da, und sind die Räume ausbaufähig?

Fragen zur Rechtsform

- Entspricht die Rechtsform den Markterfordernissen, ist es zum Beispiel eine GmbH?

Fragen zum Marketing

- Auf welche Marketingmaßnahmen setzt das Unternehmen? Wie hoch sind seine Ausgaben für Werbung?
- Gibt es eine klare, konsequente und zeitgemäße Corporate Identity, einen auch optischen Wiedererkennungswert für die Kunden?

Fragen zum Kauf- bzw. Einstiegspreis

- Ist der Preis angemessen?
- Was umfasst er?
- Wie sehen die Zahlungsmodalitäten aus?

Mit SWOT-Analyse Idee überprüfen

Eine SWOT-Analyse geht den Stärken (Strengths), Schwächen (Weaknesses), Chancen (Opportunities) und Risiken (Threads) auf den Grund. Prüfen Sie Ihre Idee anhand des folgenden Katalogs und benoten Sie die Kategorien mit den bekannten Schulnoten. Das Ergebnis kann in Ihren Business-Plan einfließen.

	Stärken	Schwächen	Chancen	Risiken
Markt				
Geschäftsidee				
Zielgruppe				
Preis				
Kapitalbedarf				
Wettbewerb				
Räumlichkeiten				
Standort				
Erreichbarkeit				
Persönlichkeit des Gründers				
Branchenerfahrung des Gründers				
Kompetenz des Teams				
Mitarbeiter				
Kontakte				
Konjunkturelle und wirtschaftliche Rahmenbedingungen				
Gesetzliche Bestimmungen				

Unternehmerisches Bewusstsein entwickeln

Viele Gründer aus dem Trainingsbereich stürzen sich in die Selbstständigkeit, weil sie etwas besonders gut können und damit Geld verdienen wollen. Sie vergessen, dass im beruflichen Alltag Training, Beratung und Coaching nur noch ein (oft sogar kleiner) Bestandteil des Jobs sind. Es kommen viele andere Aufgaben dazu. Ich habe nicht wenige Selbstständige erlebt, die damit nicht gerechnet hatten und aufgrund der verschiedenen Rollen, die sie übernehmen müssen, überfordert sind. Dieses Kapitel soll Sie darauf vorbereiten und Ihr unternehmerisches Bewusstsein schärfen.

Der Gründer als Produktentwickler

Ihr Produkt ist nicht einfach Training, Beratung und Coaching. Wer nur dies anbietet – und das tun viel zu viele –, wird langfristig nicht sehr erfolgreich sein. Es hapert dann vor allem an einem Punkt: Wenn Sie zwei bis drei Jahre am Markt sind, haben Sie genügend Kunden gewonnen. 80 Prozent Ihrer Aufträge können Sie jetzt aus dem vorhandenen Pool abschöpfen. Das spart Kosten, denn die Kundenneugewinnung ist teuer. Bis zu einem Jahr jedoch kann es dauern, bis ein Auftraggeber überzeugt werden kann. Wenn Sie die Mühe, die Sie in die Akquisition stecken, einmal über Ihren kalkulatorischen Stundensatz (siehe dazu S. 42) in bare Münze umrechnen, kommen Sie höchstwahrscheinlich auf enorme Summen.

Ideal ist es also, wenn Sie Ihre Energien schon bald auf das vorhandene Kundenpotenzial konzentrieren. Das bedeutet erstens, dass Sie früh eine Datenbank mit möglichst detaillierten Kundenprofilen anlegen sollten. Fragen Sie Ihre Kunden auch nach dem Geburtstag und notieren Sie sich besondere Wünsche. Solch eine Datenbank nach vielen Jahren Zettelwirtschaft nachzuarbeiten, ist kaum noch möglich! Das bedeutet zweitens, dass Sie schon früh mit der Kundenpflege beginnen sollten. Und Kundenpflege und Produktentwicklung gehen Hand in Hand.

Energie konzentrieren

Ein Beispiel Wenn Sie Unternehmer coachen, so werden Sie bei diesen immer ähnliche Bedürfnisse feststellen. In der Regel fehlen bestimmte Kompetenzen oder mangelt es an speziellem Wissen, das sich in einem Training vermitteln lässt. Ihr erstes neues Produkt wäre also das Angebot von Seminaren oder Workshops. Weitere Produkte lassen sich aus dem Bedarf ableiten. Wenn Sie merken, dass Potenzialanalysen vielfach gefragt sind, nehmen Sie diese in Ihr Angebot auf.

Ideenfindung – permanente Aufgabe Aus Ihrer Arbeit entstehen mit Sicherheit immer neue Ideen. Und die Ideenfindung lässt sich durchaus mit System betreiben, wenn Sie etwa nach jedem Seminar fragen, für welche Themen der Kunde sich sonst noch interessiert. Natürlich müssen Sie diesen Bedarf nicht immer mithilfe Ihrer eigenen Produkte oder Dienstleistung befriedigen. Warum nicht einen freien Trainer zu einem Thema engagieren, das Ihre Angebotspalette ergänzt, oder in Kooperation Seminare durchführen?

TIPP | **Ihre Datenbank**

Nichts ist für ein Unternehmen wertvoller als eine Datenbank mit aktuellen Datensätzen. Machen Sie es sich zur Gewohnheit, schon beim ersten Kontakt persönliche Daten abzufragen. Fragen Sie auch danach, wenn ein Interessent nicht sofort eine Leistung bucht.

Der Gründer als Buchhalter und Kaufmann

Selbst wenn Sie einen Steuerberater haben: An der Buchhaltung kommen Sie nicht vorbei.

Das Märchen von den Schuhkartons, die Sie beim Steuerberater abliefern, ist nämlich genau das: ein Märchen.

Zumindest die vorbereitende Buchhaltung wird an Ihnen kleben bleiben. Mir ist kein Steuerberater bekannt, der unsortierte Belege akzeptiert.

Buchhaltung nicht vernachlässigen Um sich vor der Rentenversicherungspflicht zu schützen (siehe Seite 142) und mit einem Schlag diese unangenehme Aufgabe zu erledigen, können Sie zwar jemanden anstellen – vor der Pflicht, zu jeder Zeit den Überblick zu haben, bewahrt Sie das indes nicht. Das heißt: Sie müssen wissen, wie viel Sie umsetzen und wie viel Sie ausgeben. Sie müssen jederzeit Geld für Steuernachzahlungen – sei es die für Gründer anfangs monatlich fällige Vorsteuer oder die Einkommenssteuer – auf einem Tagesgeldkonto verfügbar haben. Hohe Umsätze wiederum sollten Sie jederzeit registrieren, um gegebenenfalls steuernd eingreifen zu können, etwa um notwendige Investitionen zu tätigen. Nicht zuletzt gehört das Schreiben von Rechnungen und die Überprüfung von Zahlungseingängen zu Ihren Aufgaben. Wenn Sie diese nicht an Mitarbeiter delegieren, können Sie nach der Gründungsphase für solche Aufgaben mindestens einen Tag pro Woche einplanen.

Der Gründer als Vertriebler

Ohne Vertrieb können Sie einpacken, denn Sie müssen Ihre Dienstleistung verkaufen. Dabei ist der Vertrieb komplexer Dienstleistungen Chefsache und lässt sich kaum delegieren. Ich habe immer wieder Unternehmensberater erlebt, die mit der Hilfe eines Callcenters oder einer Terminierdame die unangenehme Kaltakquisition wegdrücken wollten, damit aber keinen oder nur winzige Schritte weitergekommen sind. Bevor Sie die Terminvereinbarungen als einen Teil der Akquisition abgeben können, müssen Sie selbst ran an den Telefonhörer. Nur so erfahren Sie, mit welchen Argumenten Sie Gehör finden und welche Akquisitionsstrategie greift.

Dienstleistung auch verkaufen

Wichtiger Teil des Vertriebs ist die Akquisition von neuen Auftraggebern per Telefon, aber es kommen weitere hinzu. Auch das Empfehlungsmarketing – Sie brauchen Kunden, die Sie weiterempfehlen – und die Direktansprache zum Beispiel auf Messen gehören dazu.

Insgesamt nimmt die Akquisition bei einem Trainer oder Berater am Anfang 80 Prozent der Arbeit ein. Sie müssen sich also darauf einstellen, nach der Entwicklung einer Ansprachestrategie ganze Tage nur zu telefonieren, ständiges Nachhaken eingeschlossen.

Erstellen Sie sich gleich am Anfang einen Akquisitionsplan. Flüchten Sie sich nicht in die sicher richtige Aussage, für die Akquise müsse man guter Stimmung sein. Ja, richtig – aber was, wenn die gute Stimmung zu selten da ist, um ein Business aus der Taufe zu heben? Es hat auch mit der Verantwortung für das eigene Unternehmen und den eigenen Erfolg zu tun, Tiefs schnell zu überwinden, um eine der wichtigsten Kernaufgaben – den Vertrieb – erfolgreich meistern zu können. Wie Sie bei der Akquisition konkret vorgehen, lesen Sie im Marketing-Kapitel.

Akquisitionsplan

Der Gründer als Werbechef

Kernaussagen kommunizieren

Mit welchen Werbematerialien trete ich nach außen? Wie präsentiere ich mich im Internet und in meinem Flyer? Wie bringe ich Flyer und Visitenkarten unter die (passenden) Leute? Manche Gründer – oft sind es Menschen mit technischem Hintergrund – tun sich gerade mit ihrer Rolle als Werber für sich selbst sehr schwer. Meist stecken zwei Gründe dahinter: Zum einen erfordert gute Werbung auch die Reduktion auf Kernaussagen und verlangt das Weglassen von Informationen. Hier empfiehlt es sich, einen Profi für Textkommunikation einzuschalten – idealerweise nach einer Strategieberatung.

Neben der Schwierigkeit, den Wald im Dschungel voller Bäume zu erkennen, gibt es zudem die Hemmung, sich selbst zu »loben«. Dann höre ich Aussagen wie: »Ich kann doch nicht schreiben, dass ich DIE Top-Expertin für mein Thema bin« – was die Kunden aber gerne lesen wollen.

Werbe-Mix

Sehr häufig wird zudem bei der Werbung auf das falsche Pferd gesetzt und mit viel zu viel Resonanz auf Mailings oder Anzeigen gerechnet. Dabei ist eine Rücklaufquote von ein bis drei Prozent auf ein Postmailing normal (sofern es sich nicht um Bestandskunden handelt, das hebt die Quote). Aus diesen ein bis drei Prozent werden nicht schon gleich beim ersten Anlauf Kunden: Es sind weitere Aktionen nötig, damit Sie und Ihre Dienstleistungen sich im Kopf der Kunden verankern können. Werbeprofis sprechen von vier bis sieben Kontakten: So oft muss ein Mensch mit Ihnen in Berührung kommen, bevor er Vertrauen schöpft und Ihr Kunde wird. Dies erklärt auch die Tatsache, dass ein Akquiseanruf so gut wie nie ausreicht und Anzeigen im Dienstleistungsbereich oft nur eine jämmerliche Resonanz erzeugen.

Mit Marketing und Werbung sollten Sie sich nach der Gründungsphase mindestens einen Tag die Woche intensiv beschäftigen. Die Entwicklung neuer Produkte – als weitere Chefsache – fließt hier direkt mit ein, denn neue Produkte verlangen auch neue Werbestrategien.

Der Gründer als Leiter des Kundenservice

Glauben Sie wirklich, ein Anrufbeantworter könne für Sie Dienst tun? Auch wenn am Anfang nur ein (Rück-)Ruf pro Tag kommt: Ihr Telefon muss professionell besetzt sein – und kontinuierlich. Sie müssen jederzeit

Fragen beantworten und Termine nennen können. Sie müssen über Seminare und Beratungen sprechen und Ihrerseits Feedback einholen.

Auch die Unterbreitung spezieller Kundenrabatte und das Verschicken von Geburtstagswünschen gehören zu Ihrem Service. Nur so bringen Sie sich immer wieder in Erinnerung und verankern sich im Bewusstsein Ihres Kunden als fester und zuverlässiger Partner. Sie werden zudem Erwartungen übertreffen, weil die wenigsten Berater und Trainer so professionell arbeiten – und dann haben Sie allein schon aus diesem Grund die Nase vorn. Darüber hinaus werden Sie merken, dass sich auch über die Übermittlung von Geburtstagswünschen neues Geschäft generieren lässt, etwa wenn diese an einen Gutschein gekoppelt sind.

König Kunde pflegen

Was den Telefonservice betrifft: Am Anfang lässt sich vieles über Weiterleitungen lösen, auch ein Büroservice kann helfen. Wenn jedoch um 15 Uhr ein Anrufbeantworter auf die Kundenanfrage reagiert – und vielleicht sogar noch Halbprivates verkündet –, haben Sie möglicherweise in diesem Moment einen Kunden verloren.

Der Gründer als Personalverantwortlicher

Die wenigsten Trainer, Berater und Coachs starten mit einem Angestellten – dabei wäre das die sicherste Methode zum Schutz vor der lästigen Rentenversicherungspflicht. Zudem hat es einen oft unterschätzten Nebeneffekt: Sie können sich auf Wesentliches konzentrieren, und wesentlich ist etwa die Akquisition. Buchhaltung dagegen können Sie ab 10 Euro in der Stunde delegieren. Bündeln Sie Ihre Kräfte lieber: Das spart letztendlich Kosten, weil Sie Ihr Unternehmen schneller und gezielter aufbauen können, ohne sich zu verzetteln.

Mitarbeiter einstellen

Ideal sind Minijobs, aber auch die Vergabe von freien Aufträgen bietet sich an. Mehr dazu lesen Sie im Kapitel zum Thema »Mitarbeiter«.

Ihre Rolle	Ihre Aufgaben	Delegierbar?	Wie viel Zeit?
Produktentwickler	■ Immer neue Produkte entwickeln	Nein	Zusammen mit Werbung 1 Tag / Woche
	■ Kundenpflege	Nein	
	■ Datenbankaufbau- und -pflege	Ja	
	■ Umfragenmanager	Ja	

Buchhalter	▪ Vorbereitende Buchhaltung	Ja	1–2 Tage/ Woche
	▪ Buchhaltung	Ja	
	▪ Rechnungen schreiben	Ja	
	▪ Zahlungseingänge kontrollieren	Ja	
	▪ Mahnen	Ja	
Kaufmann	▪ Überblick über Umsatz-Gewinn	Nein	Permanent
	▪ Steuerung der Preise	Nein	
	▪ Umsatzträchtige Produkte ermitteln	Nein	
	▪ Ausgaben reduzieren	Nein	
	▪ Steuerzahlungen im Blick halten	Nein	
Vertriebler	▪ Kundengewinnung	Nein/nur bedingt	Hauptaufgabe
	▪ Kundenpflege	Nein	
	▪ Erschließung neuer Zielgruppen	Nein	
	▪ Empfehlungsmarketing	Nein	
Werbechef	▪ Entwickeln einer Werbestrategie	Ja	1 Tag/ Woche
	▪ Entwickeln von Werbematerialien	Ja	
	▪ Texten und Gestalten von Werbematerialien	Ja	
Leiter Kundenservice	▪ Beantwortung von Anfragen per Telefon	Ja	Laufend
	▪ Allgemeine Unterstützung der Kunden, Tipps geben, Kommunikation	Nein	
Personalverantwortlicher	▪ Identifizieren von delegierbaren Aufgaben	Nein	Je nach Anzahl der Mitarbeiter
	▪ Erstellen von Suchprofilen für Mitarbeiter	Nein	
	▪ Suchen von Mitarbeitern	Ja	
	▪ Auswahl von Mitarbeitern	Nein	
	▪ Personalbuchhaltung	Ja	

Professionelle Preisfindung

50, 100 oder 150 Euro in der Stunde? Was bin ich wert? Wie hoch oder niedrig ist mein Preis? Preisfindung ist nicht ohne Grund Teil des Marketings. Wenn Sie Ihr Produkt definiert haben, sich also im Detail über die Art und Besonderheit Ihrer Geschäftsidee klar sind, geht es an die Preisfindung.

Professionelle Preisfindung geht dabei von drei Faktoren aus: Ihren Kosten, dem Wettbewerb und dem subjektiven Nutzen des Kunden. Gerade der letzte Punkt ist schwer zu erfassen: Was sind Sie, ist Ihr Training oder die Beratung dem Kunden wert? Oft sind hier das Image und das Bauchgefühl entscheidend. Es ist nicht so sehr die Frage, was Sie verkaufen, sondern vielmehr, wie und an wen. Darum erfahren Sie jetzt, wie Sie den Preis anhand der Kosten festlegen und den kalkulatorischen Stundensatz ermitteln, wie Sie dem Wettbewerb auf den Zahn fühlen und Ihr eigenes Preisimage erfühlen. Außerdem erhalten Sie eine Übersicht mit Preisempfehlungen von Verbänden.

Faktoren der Preisfindung

Als Freelancer im indirekten Auftrag tätig werden

Mindestens zwanzig Prozent kassieren Vermittler, die Sie als Berater oder Trainer »verleihen«. Sie arbeiten dann nicht direkt für das Unternehmen, in dem Sie tätig sind, sondern für den Vermittler, oft eine Projektvermittlungsagentur, eine Personal- oder Unternehmensberatung. Bei der Preisgestaltung sind Ihnen hier allerdings weitestgehend die Hände gebunden. Das Honorar ist vorgegeben oder es besteht nur wenig Verhandlungsspielraum. Im IT-Bereich, wo Vermittler üblich sind, wird sogar häufig regelrecht gefeilscht: Bewerben sich zwei Trainer oder Berater auf einen Job, entscheidet lediglich folgende Tatsache bei gleichen Qualifikationen: Wer das günstigste Angebot macht, erhält den Zuschlag.

Vermittler kassiert mit

Unternehmensberatungen zahlen meist feste Stundensätze, die oft nur die Hälfte, ein Drittel und nicht selten sogar noch weniger vom eigentlich durch die Unternehmen gezahlten Honorar betragen.

Auch wenn Sie hier wenig Einfluss auf die marktüblichen Honorare haben, sollten Sie in diesem Kapitel weiterlesen und vor allem den kalkulatorischen Stundensatz errechnen. Dies hilft Ihnen, sich den »wahren« eigenen Preis bewusst zu machen. Und es führt möglicherweise dazu, dass der eine oder andere Ihrer potenziellen Kunden auch einmal »Nein« zu Ihrem Angebot sagt. Und das ist auch in Ordnung so, denn die Preisspirale darf sich nicht immer weiter nach unten drehen: Lieber etwas weniger und gut bezahlte Aufträge als sich ständig über zu geringe Honorare ärgern.

Der kalkulatorische Stundensatz

Was brauchen Sie, um zu überleben? Wie viel Geld müssen Sie am Tag und in der Stunde verdienen? Was ist Ihr unterster Schwellenwert? Diesen kalkulatorischen Stundensatz brauchen Sie, um zu ermitteln, ob sich Ihre Unternehmung unter diesen Voraussetzungen überhaupt lohnt.

»Überlebens«-frage Natürlich zahlt kein Kunde Ihnen mehr, weil Sie Ihre Kosten decken müssen. Für sich selbst müssen Sie allerdings wissen, was Sie brauchen, um (über-)leben zu können. Wenn Sie im zweiten Schritt den Wettbewerb analysieren und feststellen, dass ein solcher Stundensatz nicht durchzusetzen ist, sollten Sie Ihre Existenzgründungsidee unbedingt überdenken.

Die Berechnung ist ganz einfach: Zunächst ermitteln Sie systematisch Ihre privaten Kosten, dann Ihre betrieblichen. Sie werden feststellen, dass auf beiden Seiten oft gleiche Posten auftauchen. So halten Sie fein säuberlich etwa die privaten und betrieblichen Kosten für das Auto auseinander – das müssen Sie später bei der Steuererklärung ohnehin tun.

Im nächsten Schritt geht es um die vermutete Steuerzahlung, die Ihre Kosten erhöht. Wir gehen dabei davon aus, dass Sie das einnehmen, was Sie auch ausgeben. Wenn Sie also 25 000 Euro an Kosten ermittelt haben, soll dies der Wert sein, der als zu versteuerndes Einkommen zugrunde gelegt wird. Sie mögen jetzt argumentieren, dass Ihre betrieblichen Kosten ja die Einnahmen senken. Das ist auch richtig – nur im ersten Schritt müssen Sie das Geld haben. Sie statten Ihren kalkulatorischen Stundensatz auf diese Art und Weise zudem mit einem Polster aus. So berücksichtigen Sie die Tatsache, dass auch die Einnahmen höher liegen können als die Kosten – und damit die Steuerzahlung größer ausfällt. Auf der CD finden Sie eine automatisch rechnende Excel-Tabelle, um Ihren kalkulatorischen Stundensatz zu ermitteln.

Preisfindung anhand von Wettbewerb und Markt

Gerade im Trainingsbereich geht die Honorarspanne weit auseinander. Allerdings ist die Schere in den letzten Jahren wieder etwas enger geworden, Bildung lässt sich nicht mehr so teuer verkaufen wie noch vor 2001. So ist es in vielen Bereichen schwer geworden, mehr als 800 Euro am Tag für ein Training zu erhalten.

Weite Honorarspanne

Wer für öffentliche Institutionen arbeitet, kann von solchen Summen nur träumen. Manche arbeitsagenturgeförderte Maßnahme honorieren die Veranstalter mit kaum mehr als 18 Euro in der Stunde. Auch Sprachenlehrer oder Dozenten an der VHS wissen ein Lied vom Niedriglohn zu singen.

Unterschiede bei den Honoraren bestehen je nach Thema, Reputation und Erfahrung des Trainers, je nach Auftraggeber, Branche, Unternehmensgröße und Region.

Eine ganz entscheidende Frage ist schließlich die, ob Sie direkt für ein Unternehmen arbeiten oder im indirekten Auftrag für eine Unternehmensberatung oder einen Projektvermittler. Sobald eine oder mehrere Instanzen dazwischengeschaltet sind, geht automatisch Geld verloren, Sie verdienen weniger. Üblich sind im IT-Bereich Abschläge von 20 bis 40 Prozent – so viel behalten die Vermittler ein. Bei Unternehmensberatungen wird eher ein fester Stundensatz bezahlt, der nicht selten weniger als 20 Prozent dessen umfasst, was die Beraterfirma kassiert.

Vermittlungsprovisionen

Reputation und Erfahrung haben also Auswirkungen auf das Honorar. Und beide Faktoren haben wiederum eine Menge mit Ihrer Selbstdarstellung zu tun. Ohne Fakten zu verzerren, lässt sich ein und dieselbe Vita unterschiedlich darstellen. Durch Weglassen und Akzentuierung können Sie gezielt an der Selbstdarstellungsschraube drehen. Nehmen Sie dazu an unserem Schnellkurs für die Selbstdarstellung teil, den Sie auf der CD finden. Die Checkliste gibt Ihnen aber erst einmal einen Überblick zu den üblichen Honorarsätzen:

Tätigkeit	Honorar	Quelle
Beratung im direkten Unternehmensauftrag, verschiedene Bereiche	300 bis 1500 Euro/Tag, im Bereich KMU 40 bis 100 Euro für allgemeine Beratungen/Stunde, Spezialisten eher 70 bis 125 Euro	Eigene Recherchen, staatliche Förderprogramme bezuschussen bis 95 Euro oder zwischen 320 und 760 Euro/Tag (regional sehr verschieden, am besten ist die Lage in Bayern).
Beratung im direkten Unternehmensauftrag, Bereich IT	Zwischen 50 und 150 Euro, Tagessätze eher unüblich	www.gulp.de
Beratung im direkten Unternehmensauftrag, Existenzgründung, Existenzaufbau	30 bis 95 Euro	Siehe »Beratung verschiedene Bereiche«
Beratung in freier Mitarbeit	30 bis 60 Euro	Eigene Recherchen
Coaching im direkten Unternehmensauftrag	80 bis 250 Euro	Eigene Recherchen, DVCT (www.dvct.de)
Coaching in freier Mitarbeit	50 bis 100 Euro	Eigene Recherchen
Training im direkten Unternehmensauftrag	500 bis 2500 Euro/Tag. Regel: Je spezialisierter Sie sind, desto mehr lässt sich verdienen.	Eigene Recherchen
Training in freier Mitarbeit	Zwischen 25 und 80 Euro/Stunde	Eigene Recherchen
Dozententätigkeit für öffentliche Institutionen	Zwischen 12 und 100 Euro/Unterrichtsstunde (45 Minuten), Tagessätze bis 1000 Euro (etwa bei Fortbildungsakademien für Beamte)	Eigene Recherchen
Dozententätigkeit VHS	Zwischen 20 und 60 Euro/Unterrichtsstunde (45 Minuten)	Eigene Recherchen

Preisfindung anhand des subjektiven Nutzens

Wie profitiert Ihr Kunde von Ihrer Dienstleistung? Was sind Sie und Ihr Produkt ihm wirklich wert? Antworten auf diese Fragen sind kaum durch eine Befragung zu erhalten, denn jeder Befragte will natürlich möglichst wenig zahlen, würde aber vielleicht doch tiefer in die Tasche greifen, wenn Sie in der Lage wären …

Sie müssen also Ihren Kopf anstrengen – und sich im ersten Schritt für eine Preisstrategie entscheiden. Die Preisfindung anhand des subjektiven Nutzens für Ihre Kunden ist eng verzahnt mit verschiedenen Preisstrategien. Da gibt es die Niedrigpreisstrategie, also das Unterbieten üblicher Marktpreise. So könnten Sie versuchen, mit einer Niedrigpreisstrategie auf den Pfaden von Aldi und Co. zu wandeln. Aber halt: Das sollten Sie besser nicht tun. Niedrigpreisstrategien eignen sich für Dienstleister nicht.

Preisstrategie wählen

Die Hochpreisstrategie

Aber Hochpreise? Denken Sie daran: Wichtig ist weniger die Frage, was Sie verkaufen – als vielmehr die Frage, wie und an wen Sie etwas verkaufen. So haben sich so genannte Startrainer, die Honorare weit über 2000 Euro am Tag erhalten, dieses Etikett zumeist selbst verliehen. Dies gelingt immer dann, wenn mehrere der folgenden Voraussetzungen erfüllt sind:

- ein individuelles Thema oder eine sehr individuelle Herangehensweise
- Erfahrung
- eine oder mehrere Buchveröffentlichungen
- ein entsprechendes Ambiente (Büro in exklusiver Atmosphäre in der Stadt oder auf dem Land)
- eine Zielgruppe im Managementbereich
- ein entsprechendes Auftreten mit allen Kennzeichen der Macht (teures Auto, edle Kleidung)

Basis ist zudem ein weit überdurchschnittliches Selbstbewusstsein, das alle Startrainer durch die Bank eint. Dies soll indes nicht darüber hinwegtäuschen, dass auch das Thema und die Zielgruppe stimmig sein müssen. Eine Hochpreisstrategie können Sie sicher nicht mit einem MS-Office-Training fahren – hier stimmen weder die Zielgruppe noch das Thema.

Thema, Zielgruppe und Honorar: Einheit

> **TIPP** **Im Zweifel für die Mitte**
>
> Sehr günstige Leistungen sind ebenso verdächtig wie sehr teure. Verschiedene Studien und die Praxiserfahrung zeigen, dass im Zweifel einem mittleren Preis der Vorzug gegeben werden sollte.

Preisdifferenzierungen

Nicht jeder Kunde muss den gleichen Preis bekommen. Sinnvoll ist etwa die Differenzierung zwischen Privat- und Unternehmenskunden. Weiterhin können Honorare auch »je nach Ansprechpartner« verhandelt werden. So können Sie das Maximale herausholen und laufen nicht etwa Gefahr, einen zu niedrigen Preis anzugeben.

Sie sollten sich Ihrer eigenen »Hausnummern« bewusst sein, um diese jederzeit auf Anfrage präsentieren und verhandeln zu können.

Preise kommunizieren

Dies ist allerdings nur bis zu einem gewissen Grad möglich, wenn Sie sich (auch) an Privatkunden richten. Privatkunden werden von Aussagen wie »Preise auf Anfrage« abgehalten. Zudem provozieren fehlende Aussagen auf der Website unnötige Anrufe von nicht selten sehr sparsamen Interessenten, die allen Ernstes denken, sie bekommen eine Beratung für 20 Euro. Sie können sich vornehme Zurückhaltung nur leisten, wenn Sie sehr prominent und begehrt sind – brauchen Sie Zahler, dann sollten Sie Preise lieber offen kommunizieren.

Auch die Preisgestaltung nach Sympathie ist in der Praxis üblich. »Wenn ich jemanden nicht mag, bekommt er einen höheren Preis«, so ein Trainer. Nur wenige können sich einen solchen Nasenfaktor bei der Preisgestaltung leisten. Er sorgt zudem für Durcheinander (»Wem habe ich nun welchen Preis angeboten?«) und für ein unprofessionelles Auftreten.

Differenzierung nach sozialen Kriterien

Eine weitere Möglichkeit der Preisdifferenzierung folgt sozialen Kriterien. Bestimmten Gruppen können Sie günstigere Preise anbieten, wenn Sie diese als Zielgruppe nicht ausschließen oder im Gegenteil sogar gewinnen wollen. So können Sie als Berater jungen Unternehmen einen anderen Preis offerieren. Auch nach Kundengruppen lassen sich Preise unterscheiden. Bieten Sie zum Beispiel Karriereberatung an, so wäre es sicher eine Option, Absolventen einen günstigeren Preis zu gewähren als Berufserfahrenen.

Die Sache mit der Umsatzsteuer

Die Regel ist einfach: Immer wenn Sie mit Unternehmen zu tun haben, versteht sich der ausgehandelte Preis als Nettopreis, also ohne Umsatzsteuer. Dennoch sollte Ihr schriftliches Angebot den Hinweis »Sämtliche Preise verstehen sich zzgl. der gesetzlichen Umsatzsteuer« enthalten. Kalkulieren Sie Ihre Preise immer netto. Da die Umsatzsteuer – Mehrwertsteuer ist ein an sich älterer, aber synonymer Begriff – ein durchlaufender Posten ist, macht sich dieses Geld nur zeitweise bemerkbar: Sie sammeln es für den Staat ein und bekommen es vom Staat zurück, wenn Sie es ausgeben. Es mehrt indes Ihr Vermögen nicht. So sehen es auch die Unternehmen.

Nettopreise kalkulieren

Seien Sie vorsichtig, wenn Sie für mehrwertsteuerbefreite Institutionen arbeiten. Das bedeutet nämlich noch lange nicht, dass auch Sie von der Mehrwertsteuer befreit werden. Im Gegenteil: Stellen Sie der mehrwertsteuerbefreiten Arbeitsagentur 1000 Euro in Rechnung, so ist dies automatisch der Bruttobetrag, aus dem Sie die Umsatzsteuer herausrechnen und abführen müssen. Effektiv haben Sie also nur 862,07 Euro verdient (bei der 2006 noch gültigen Mehrwertsteuer von 16 Prozent).

Trainerporträt: NN, Dozent

NN ist nicht berühmt und verdient bei Weiterbildungsinstituten ab und zu 18 Euro in der Dreiviertelstunde. NN arbeitet mal als Bewerbungstrainer, lässt sich aber auch für Präsentationstrainings und sogar für Projektmanagement einsetzen. Er nimmt, was kommt. Dabei gibt er sich sehr viel Mühe, gestaltet seine Trainings professionell und ist mit Spaß bei der Sache. Gedankt wird es ihm kaum: Die meist arbeitslosen Teilnehmer haben entweder keine Lust oder sind demotiviert, weil die Arbeitsagentur sie zur Teilnahme gezwungen hat, obwohl sie von derartigen Trainings gar nichts halten.
NN zahlt keine Steuern, weil sein Gewinn zu gering ist. Er hat eine kleine Mietwohnung und ist froh, dass seine Frau mitverdient. Wenn es nur irgendwie möglich wäre, würde er eine Festanstellung annehmen – aber im Weiterbildungsbereich, zumal mit mehr als 50 Jahren, braucht man sich da wenig Hoffnungen zu machen.

Eine Ausnahme sind mehrwertsteuerbefreite Veranstaltungen. Über die Mehrwertsteuerbefreiung müssen Sie allerdings einen schriftlichen Nachweis einholen. In Ihrer Umsatzsteuererklärung tauchen diese dann mit der Angabe »Umsatzsteuer 0 Prozent« auf. Aber Achtung: Finanzbeamte schauen gerade bei diesen umsatzsteuerbefreiten Posten sehr genau hin. Sie sollten den schriftlichen Nachweis auf Abruf und für mögliche Prüfungen bereithalten.

TIPP Wichtiger Hinweis für Kleinunternehmer

Sind Sie Kleinunternehmer – also von der Umsatzsteuer befreit –, so gehört auch diese Angabe in das Angebot hinein. Allerdings ist die Kleinunternehmerregelung für Trainer, Berater und Coachs, die ihre Zielgruppe bei Unternehmen sehen, nicht angebracht. Allein schon aus psychologischen Gründen – denn damit weisen Sie schwarz auf weiß auf Ihr niedriges Einkommen hin. Das ist ähnlich geschickt, wie mit einer geflickten Jeans zum Vorstellungsgespräch zu kommen.

Rabatte

»Bekommen wir einen Rabatt?« Wenn Sie mehrere Trainings für einen Auftraggeber durchführen, folgt oft auch bald die Frage nach den Rabatten. Diese sind üblich. Sie sollten Sie Ihrem Auftraggeber auch gewähren, denn schließlich sichern Ihnen mehrere Aufträge in einem bestimmten Zeitraum auch das Einkommen.

Gefahr bei Rabattierung

Zehn Prozent für Folgetrainings dürfen es schon einmal sein, auf mehr als zwanzig Prozent sollten Sie sich besser nicht einlassen. Denken Sie daran, dass Sie Ihre Honorare in den nächsten Jahren kaum noch erhöhen können. Der Rabattpreis wird auf lange Sicht Ihr Normalpreis für dieses Unternehmen sein.

Überlegen Sie, wie Sie das Rabattrisiko begrenzen können.

Denkbar sind Regelungen, die den Rabatt zeitlich begrenzen. Dies zwingt zu Neuverhandlungen nach der ersten Trainings- oder Beratungsrunde. Ist der Auftraggeber zufrieden mit Ihnen, wird es ihm bei weiteren Buchungen nicht primär ums Geld gehen.

Entscheiden Sie sich für einen Treue- oder einen Mengenrabatt. Den Treuerabatt gewähren Sie Kunden, die Sie bereits seit Längerem betreuen. Der Mengenrabatt ist sinnvoll, wenn ein Kunde gleich mehrere Leistungen bei Ihnen »bucht«. Treuerabatte eignen sich weniger für große Kunden, die kaum persönlich an Sie gebunden sind und bei denen auch die Ansprechpartner möglicherweise häufiger wechseln. Hier entscheiden immer auch mehrere Personen – darunter oft der Einkauf – mit, die allerdings selbstverständlich besonders positiv auf Mengenrabatte reagieren werden.

Mengen- und Treuerabatte

Für Rabattformulierungen

TIPP

Mengenrabatt

- »Bei verbindlicher Buchung von zehn Trainings innerhalb von einem Jahr erhalten Sie 15 Prozent Nachlass.«
- »Gerne gewähre ich einen Rabatt von 10 Prozent für die nächsten drei Trainings.«

Treuerabatt

- »Unseren treuen Kunden bieten wir Seminare zum exklusiven Kundenpreis von 295 Euro an.«

Rabatte können auch in anderer Form gewährt werden. Verzichten Sie zum Beispiel auf Spesen und die Übernahme von Anreise- und Übernachtungskosten.

Geförderte Preise

Verlockend, aber auch gefährlich: In vielen Bereichen – etwa in der Unternehmensberatung – zahlt der Staat und zahlen die Länder Zuschüsse zur Beratung. Zudem können Sie sich auch auf öffentlich ausgeschriebene Projekte bewerben. Erhalten Sie den Zuschuss, sichert dies Ihrem Beratungsunternehmen erst einmal ein, zwei oder noch mehr Jahre das Überleben. Wer für geförderte Projekte arbeitet, kann auch über einen längeren Zeitraum gut ausgelastet sein, wird in den meisten Fällen aber kaum über 50 Euro in der Stunde verdienen. Verhandlungsspielraum existiert nicht oder kaum.

Zuschüsse

Trainerporträt: Sabine Asgodom

Sabine Asgodom (www.asgodom.de) ist Journalistin. Das ist sicher ein Grund dafür, dass die Münchnerin so erfolgreiche Bücher schreibt. Mit »Eigenlob stimmt« legte sie den Grundstein für eine regelrechte Eigen-PR-Welle, die Frauenzeitschriften und den Büchermarkt überrollte. Sie coacht Manager, ist Top-Rednerin, leitet Seminare – und ist auch bei den eigenen Preisen nicht eben bescheiden. Immerhin 410 Euro kostet die Coachingstunde bei ihr – ein Preis, der sich auf dem Privatkundenmarkt nur durch Bekanntheit und den »Namen« durchsetzen lässt.

Flankiert wird die Erfolgsstrategie durch cleveres Merchandising. Vom Buch »Genug gejammert« gibt es T-Shirts; ein Ideenbuch oder ein T-Shirt mit dem Motivationsspruch »Ich bin einzigartig« ergänzen das Sortiment. Asgodom schreibt regelmäßig Kolumnen in der Office-Management-Zeitschrift »working@office« und ist auch sonst alles andere als medienscheu.

Gestartet ist Asgodom – und das überrascht – erst im Jahr 1999. Mitunter sind die Wege zum Erfolg also reichlich kurz. Und wenn man weiß, wie Medien ticken, ist das sicher ein unschätzbarer Vorteil!

Das Risiko: Es gibt wechselnde Trends in der Förderpolitik, Schwerpunkte verlagern sich. Oft werden mit den geförderten Projekten wenig zahlungskräftige Zielgruppen angesprochen. Typisches Beispiel ist die seit einigen Jahren abgeflachte Frauenförderung, die viele Institute und Trainerinnen in existenzielle Not gebracht hat. Derzeit immer noch hoch im Kurs stehen Existenzgründerangebote, speziell von Gründungen aus der Arbeitslosigkeit.

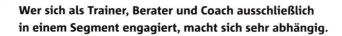

Wer sich als Trainer, Berater und Coach ausschließlich in einem Segment engagiert, macht sich sehr abhängig.

Setzen Sie nie allein auf staatlich geförderte Projekte. Es ist keine Schande, in diesem Bereich zu arbeiten, jedoch sollte dies nie ausschließlich geschehen. Sie verbauen sich damit vielleicht auch den Einstieg in die freie Wirtschaft, denn eine Beratung in der freien Wirtschaft ist mit einer Beratung im öffentlichen Bereich nur schlecht kompatibel.

Marketing: Strategische Entscheidungen und konkrete Aktionen

Sie müssen Kunden gewinnen! Nur wie? Anzeigen und Direkt-Mailings bringen meist wenig. Je komplexer eine Dienstleistung, desto mehr ist sie an Ihre Persönlichkeit gebunden. Trommeln müssen Sie also in aller Regel höchstpersönlich. PR, Anzeigen und Mailings flankieren Ihre Direkt-Maßnahmen nur, einzeln bringen Sie oft nichts, aber immer zu wenig.

Der Eheberater ist der einzige mir bekannte Beratertyp, der nennenswerten Zulauf auf anonymen Weg – etwa über die gelben Seiten – bekommt. Alle anderen müssen Ihre Kunden durch persönliche Ansprache – auf Messen und durch kalte sowie warme Akquisition – gewinnen. Akquise ist also ein großer Schwerpunkt. Daneben informieren Sie die nächsten Seiten aber auch über alle weiteren Marketing-Möglichkeiten: von der Kundendatenbank über die Pressearbeit bis zum Buchschreiben.

Schwerpunkt »Akquise«

Name oder Firma? Ihre Vermarktungsstrategie

Erst einmal ist es eine strategische Grundsatzentscheidung, was im Zentrum Ihrer Vermarktung steht: Ihre Person als Berater, Trainer, Coach – oder ein bestimmtes Dienstleistungsangebot und Thema. Selbstverständlich sind Thema und Dienstleistungsangebot immer an einen (guten) Namen gekoppelt. Es ist allerdings ein Unterschied, ob Sie als »Agentur für Zufriedenheit« ein Seminar für »Weniger Stress im Beruf« anbieten oder dies als Hannelore Rat, Zufriedenheits-Coach aus Heidelberg tun. Überlegen Sie selbst, welche Assoziationen bestimmte persönliche Vorstellungen bei Ihnen auslösen. Ein einzelner Name wird, sofern er nicht bekannt ist, stets erst einmal in die Ecke »Freelancer« gesteckt. Dies hat nicht zuletzt auch Auswirkungen auf Ihr Auftreten und auf die Honorargestaltung. Etwas anders liegt der Fall, wenn Sie bereits prominent sind – aber wer startet schon gleich mit einem Promifaktor?

Grundsatzentscheidung

Namensgebung Bei der Namensfindung sollte Ihr Thema mit einer Bezeichnung wie etwa »Agentur« oder »Institut« oder »Akademie« verknüpft werden (dies kann das Thema »Freundlichkeit« oder das Thema »Public Relations« sein). Dies erweckt immer auch einen Eindruck von Größe. Agentur oder Institut – das sind nicht nur Sie, das können auch andere sein. Dies ist von Vorteil, wenn Sie das auch so wollen – und vielleicht irgendwann nicht mehr nur allein arbeiten möchten, sondern gemeinsam mit freien Trainern, die für Sie arbeiten. Oder wenn Sie planen, später einmal Mitarbeiter einzustellen.

Namensgebung und Strategie Allerdings sollten Sie die durch die Namensgebung angedeutete Strategie auch konsequent umsetzen. Es wirkt seltsam und widersprüchlich, wenn Sie als »Institut für ganzheitliche Persönlichkeitsentfaltung« auftreten und auf der Website nur von Ihnen selbst die Rede ist. Als Institut, Agentur oder Akademie sollten Sie immer von »wir« sprechen – und wenn Sie allein starten, sollten Sie dies nicht allzu deutlich machen. Ein Name, der auf Größe hindeutet, macht also ein in dieser Hinsicht konsistentes Auftreten notwendig. Sprechen Sie von »wir«, lassen Sie offen, wie viele Mitarbeiter hinter Ihrem Unternehmen stehen.

Vorsicht jedoch ist geboten, wenn Sie diese Strategie nicht mit ganzem Herzen und überzeugt vertreten können und es vielleicht sogar »blöd« finden, sich aufzuplustern. Dann spricht viel für einen Einstieg als Freelancer – oder für den systematischen Aufbau einer Personen-Marke. Viele Trainer sind auch auf diesem Weg erfolgreich geworden, etwa der Telefontrainer Roland Arndt oder auch die bereits vorgestellte Sabine Asgodom, die unter dem »Label« »Asgodom live« bekannt geworden ist.

Checkliste – Entscheidungskriterien für Ihren Marktauftritt

Für einen Personennamen (»Heinz Müller Unternehmensberatung«) spricht:

- Sie bieten eine individuelle Dienstleistung an.
- Ihre Dienstleistung ist stark an Sie selbst gebunden.
- Es kommen Kunden zu Ihnen, weil Sie mit Ihnen als Person zufrieden sind und Sie bereits kennen.
- Sie haben einen klasse klangvollen Namen!

Für eine konkrete oder abstrakte Bezeichnung (»Institut für kreative Persönlichkeitsentfaltung«) spricht:

- Im Mittelpunkt steht ein Thema, es geht nicht so sehr um Sie selbst.
- Es muss sofort klar werden, was Sie bieten (»MedPR – Public Relations für Medizin & Pharma«).
- Sie haben einen eher gewöhnlichen Namen.
- Sie arbeiten mit mehreren Partnern zusammen.
- Sie möchten expandieren, vielleicht einmal sogar Franchising anbieten.

Strategie für den Freelancer

Wenn Sie sich als Trainer, Coach oder Berater um Projekte und Aufträge bemühen, werden potenzielle Auftraggeber Sie zur Vorabinformation sehr oft um ein Profil bitten. Was das genau ist? Eine Art Kurzbeschreibung Ihrer Eckdaten, vergleichbar dem Leistungsdatenblatt eines Autos. Hier steht, wie viel PS Sie haben, was Sie bieten, was Sie können, wie Sie einsetzbar sind und – im IT-Bereich üblich – unter Umständen auch Ihr Preis (»Stundensatz: 65 Euro«). Es bringt Sie und Ihre Kompetenzen auf den Punkt. Im Profil finden sich zudem die für den Entscheider relevanten Faktoren. Dies kann Ihr Einsatzbereich sein (bundesweit, auch international) oder auch Ihre Sprachkenntnisse.

Profil erstellen

Regeln für die Profil-Gestaltung gibt es nicht. Alles ist erlaubt, solange das Ziel erreicht wird: den potenziellen Kunden zu informieren und ihn für Sie zu begeistern.

Das Profil kann in Prosa oder in Stichworten verfasst werden, wobei Firmen sicherlich zur Übersichtlichkeit tendieren und Prosa eine schönere und individuellere Selbstdarstellung ermöglicht. Sind Sie für eine Beraterfirma tätig, so hat häufig jeder Berater sein eigenes Profil, das nach einem bestimmten vorgegebenen System aufgebaut ist und zum Beispiel mit einem persönlichen Motto beginnt. Je technischer Ihre Qualifikation, desto weniger empfiehlt sich indes die prosaische Darstellung. IT-Profis sollten nur bei den Projektbeschreibungen ausführlicher werden, ansonsten der Maßgabe »knapp, prägnant und übersichtlich« folgen.

Zielgruppen- spezifisches Profil

Erstellen Sie Ihr Profil im eigenen Corporate Design und halten Sie es als farbigen Ausdruck sowie für den Versand per E-Mail als PDF bereit. Wenn Sie für Projektvermittler arbeiten, wünschen diese in aller Regel ein Word-Dokument, damit sie Ihr Profil per Copy & Paste (Kopieren und Einfügen) in das eigene Layout übertragen können.

Versuchen Sie alle Fakten so klar und kurz wie möglich – am besten auf einer einzigen DIN-A4-Seite – darzustellen. Ein Foto hilft Ihrem Gegenüber, sich ein Bild von Ihnen zu machen. Investieren Sie in ein sehr gutes Porträtfoto, das die Aussagen im Profil unterstreicht. Auch ein Foto, dass Sie in Aktion beim Training zeigt, dient dem Zweck, dass sich Ihr potenzieller Auftraggeber einen schnellen Eindruck von Ihrer Arbeit verschaffen kann.

Profil

Hermann Beispiel ist einer der wenigen deutschsprachigen Experten auf dem Gebiet der Computermanipulationen und der Wirtschaftskriminalität. Nach mehr als 20 Jahren in der internen Revision (etwa beim Wirtschaftsprüfungsunternehmen »Duweißtschon«) ist Hermann Beispiel seit 2005 Geschäftsführer der Fraud IT GmbH und als externer Revisor, Berater, Moderator und Trainer europaweit tätig.

Aufbau des Profils

Das Profil sollte eine übersichtliche Zusammenfassung enthalten (siehe oben) und danach aus verschiedenen Rubriken bestehen, die durch aussagekräftige Überschriften optisch getrennt sind, damit der Leser schnell durch den Inhalt navigieren kann. Je nach Ihrem individuellen Schwerpunkt und Ihrer Entscheidung, welche Akzente Sie setzen möchten, kommen als Überschriften infrage:

TIPP Profil-Überschriften

- persönliche Angaben
- »Über mich«
- Angaben zu Lebens- oder Arbeitsmotto
- Angaben zu Einsatzbereichen
- Angaben zur Ausbildung

- Angaben zur Berufspraxis
- Angaben zu Qualifikationen
- Angaben zu Zertifizierungen
- Angaben zu Schwerpunkten
- Angaben zu Themen
- Angaben zu Sprachkenntnissen
- Angaben zu Referenzen
- Angaben zum Auftraggeber
- Angaben zum Honorar

Entscheiden Sie sich aber nie für mehr als vier bis sechs Rubriken, sonst wird es unübersichtlich. Geben Sie das Profil neutralen Personen zur Ansicht. Gibt es Ihre Trainings- bzw. Beratungs-Schwerpunkte optimal wieder? Ist der Eindruck, der hier von Ihnen erzeugt wird, der gewünschte? Beispiele für Profile finden Sie auf der CD.

Für IT-Profis

TIPP

Da in Ihrem Bereich sehr detaillierte Auflistungen notwendig sind, können Sie mit einem zusätzlichen Kenntnisprofil punkten. Dieses sollte Aufschluss darüber geben, wie tief und weit gehend Ihre Kenntnisse in einzelnen Bereichen wie Datenbanken, Programmiersprachen, Betriebssysteme o. Ä. sind. Dies erreichen Sie am besten, indem Sie Ihre Erfahrungen (in Jahren) beschreiben, Ihre Erfahrung im Umgang mit einem Tool oder einer Technologie nennen oder eine Einstufung anhand der Kategorien Einsteiger – Fortgeschrittener – Profi – Experte vornehmen.

Beschreiben Sie auch, wann Sie zuletzt eingesetzt worden sind, etwa beim »Projekt XY«. Unbedingt zum Ausdruck kommen sollten auch die Bereiche, in denen Sie einsetzbar sind (Training, Projektleitung, Projektassistenz, Architektur, Programmierung). Beachten Sie jedoch, dass es manchmal geschickter sein kann, die oben genannten Kategorisierungen wegzulassen – vor allem, wenn Ihre praktischen Erfahrungen noch nicht allzu umfangreich sind.

Projektübersichten unterstreichen Kompetenz

Gestaltungsmöglichkeiten

In einigen Bereichen – etwa der IT, im Ingenieurswesen oder der Unternehmensberatung – wünschen Auftraggeber Projektübersichten. Auch wer im Personalbereich auf freier Basis Projekte managt, sollte diese in einer Liste aufführen. Anhand der bereits absolvierten Projekte erkennen die Entscheider, in welchen Bereichen Sie einsetzbar sind. Deshalb sollten die Projektbeschreibungen systematisch aufgebaut sein und auf die wesentlichen Faktoren eingehen. Eine Gestaltungsmöglichkeit ergibt sich durch das Weglassen oder Hinzufügen bestimmter Informationen – so können Sie mit dem Hinweis auf ein hohes Budget auch die Größenordnung klar machen oder diese Info bewusst weglassen.

TIPP: Hinweise zur Darstellung Ihrer Projekte

1. Projektname und Projektziel
2. Rolle im Projekt (zum Beispiel Projektleiter, Teilprojektleiter, Berater, Trainer)
3. Zahl der am Projekt beteiligten Personen (sofern es sich nicht um Zwei- oder Dreipersonenprojekte handelte)
4. Auftraggeber (bei Projekten, bei denen der Name des Auftraggebers geschützt sein sollte – zum Beispiel beim Outplacement oder auch bei vielen IT-Projekten –, beschreiben Sie den Auftraggeber und seine Branche nur, anstatt diese beim Namen zu nennen)
5. Kurzbeschreibung des Projekts
6. Eventuell Budget nennen
7. Eingesetzte Fähigkeiten (im IT-Bereich: Technologien und Tools)
8. Zeitraum

Die Übersicht können Sie tabellarisch oder durchlaufend als Liste anlegen. Wenn Ihre Projekte aus Ihrer Zeit als Festangestellter stammen oder sehr groß sind und über mehrere Jahre führen, zerlegen Sie sie am besten in Teilprojekte. Eine Projektliste finden Sie auf der CD.

Corporate Identity und »Erstausstattung«

Ein einheitliches und leicht merkbares Design verankert Sie in den Köpfen Ihrer Zielgruppe und macht Sie (wieder-)erkennbar. Corporate Identity und Erfolg sind also miteinander gekoppelt – auch wenn der Anteil der »CI« an Ihren Gewinnen oft nicht richtig spürbar ist.

Der bekannteste Teil der »CI« ist das Corporate Design, CD genannt. Dies beschreibt Ihren optischen Auftritt. Es fängt an bei dem Schriftzug, den Sie verwenden, und hört bei der Hintergrundfarbe in Broschüren auf der Website längst nicht auf. Zur CI gehören aber auch Ihr Verhalten gegenüber Kunden (Corporate Behavior) und die Art, wie Sie sich selbst und Ihre »Produkte« kommunizieren (Corporate Communications).

Corporate Design

Bei der Wahl der richtigen CD orientieren Sie sich an Ihrer Zielgruppe und an sich selbst. Sie müssen sich mit Ihrem visuellen Auftritt identifizieren können, ihn mögen. Allerdings hilft Ihr eigener Geschmack oft nicht weiter, wenn es darum geht, Kunden anzusprechen. Hier sind Grundsatzentscheidungen zu fällen, etwa die, ob es ratsam ist, mit einer grafischen Figur oder Symbolen zu arbeiten. In einem Seminar wurde mir beispielsweise einmal ein »Wolf Training« mit einem Wolfskopf als Logo präsentiert – unpassend, da der Wolf bereits andere Produktwelten prägt (etwa »Wolf Bergstraße«). Fällen Sie Ihre CD-Entscheidungen deshalb nie allein, beziehen Sie möglichst neutrale, aber branchenerfahrene Personen und Ihre Zielgruppe selbst in die CI-Findung mit ein.

Auf Zielgruppe abstimmen

Lassen Sie sich dabei aber andererseits auch nicht von allzu schlauen Kommentaren aus der Bahn werfen: Die Kunst besteht darin, Einzelmeinungen und individuelle Assoziationen herauszufiltern!

Die Visitenkarte: die wichtigste Info nennen

Der kleinste Raum, auf dem Sie Ihre CD zeigen können, ist die Visitenkarte. Stellen Sie sich einen potenziellen Kunden vor, der täglich Visitenkarten mit der Info »Training, Beratung und Coaching« erhält. Was der einzelne Dienstleister konkret anbietet, verschwindet hinter diesen abstrakten Begriffen, die Karte verfehlt ihren Zweck.

Inhalt der Visitenkarte

Was kommt auf die Visitenkarte? Auch dies ist eine strategische Frage, die mit der Entscheidung für einen Namen schon in eine bestimmte Richtung zielen sollte. Wenn Sie wie die Diplom-Psychologin Lilo Endriss für »kreatives Management« stehen wollen, dann muss dieser Begriff auch auf der Visitenkarte stehen. Wollen Sie ein Institut oder eine Agentur verkörpern, so spricht einiges dafür, sich selbst auf der Visitenkarte auch eine entsprechende Position bzw. Funktion zuzuschreiben – dies gilt umso mehr, wenn Sie sich mit Partnern selbstständig machen. Dies kann der »Geschäftsführer« oder auch die »Geschäftsführung« sein, vielleicht auch der »Inhaber« und der »Senior Consultant«.

Auch die Entscheidung, ob Sie Ihren akademischen Titel nennen, ist eine strategische. So wirkt eine Juristin, die Change Management anbietet und ihren Titel aufführt, fehl am Platze. Hier kann es von Vorteil sein, auf den Titel zu verzichten, denn er steht einer klaren Wahrnehmung der Dienstleistung im Weg.

Konkret bleiben Das gilt auch für Zertifizierungen und andere Ausbildungsabschlüsse – diese zu nennen kann mal sinnvoll und mal überflüssig sein. Ein Supervisor braucht die »Deutsche Gesellschaft für Supervision (DGSV)«, aber ob ein Karriereberater »DGFK (Deutsche Gesellschaft für Karriereberatung)« auf seiner Karte stehen haben muss? Ich würde sagen: nein – es sei denn, es handelt sich um einen Vorstand. Kurzum: Seien Sie konkret und schreiben Sie auf diesem kleinsten Ihnen zur Verfügung stehenden Raum deutlich hin, was Sie ausmacht – kurz und bündig. Für detailliertere Informationen gibt es ja noch den Flyer und das Internet.

Der Flyer: professionell statt Eigenbau

»Mit dem professionellen Flyer haben sich gleich viel mehr Teilnehmer angemeldet«, freute sich eine Kundin, die zuvor mit selbst gebastelten Word-Flyern an den Markt gegangen war. Und so ist es: Ich habe keinen Trainer, Berater oder Coach kennen gelernt, der länger als ein oder zwei Jahre mit seinem Selfmade-Werbeprospekt aktiv war. Wer auf die »Marke Eigenbau« vertraut, muss immer öfter den Papierkorb konsultieren. Auch wer seine Website selbst zimmert, ist schlecht beraten! Verzichten Sie darauf, es schadet mehr, als es nutzt.

Profi beauftragen Sparen Sie sich den Umweg über Selbstversuche und beauftragen Sie von Anfang an einen Profi. Selbst gebastelte Flyer sind allenfalls akzeptabel im Esoterik-Bereich. Wägen Sie gleichzeitig aber auch Kosten und Nutzen gegeneinander ab: Wenn Sie Seminare anbieten, deren Termine laufend aktualisiert werden müssen, empfiehlt sich ein Einlege-Flyer, auf den Sie Ihren Text selbst aufdrucken können.

Drucken Sie die ersten Versionen mit Ihrem Farbdrucker aus, bevor Sie eine Druckerei beauftragen. Erfahrungsgemäß melden Kunden Fehler – wie eine falsche Faxnummer (die Sie trotz mehrmaligen Korrekturlesens übersehen haben) – freudestrahlend zurück (Fehler finden macht viele ungemein stolz!).

Überlegen Sie sich auch, wie Sie die Flyer verteilen können. Am besten wirken die kleinen Werbebroschüren, wenn Sie persönlich überreicht werden. Sparen Sie hier nicht und geben Sie Kunden Flyer mit, damit diese sie weiterverteilen. Legen Sie Flyer bei Vorträgen an zentralen Stellen aus, sodass Ihre Zielgruppe auf Sie aufmerksam wird.

Achten Sie darauf, dass auf dem Cover – also der ersten Seite – die wichtigsten Informationen stehen (ähnlich wie auf einem Buchcover: Was vorne draufsteht, entscheidet über den Verkauf!). Dreht der Kunde den Flyer einmal in der Hand um, so sollte er auf der Rückseite Kontaktinformationen finden. Diese Seite ist auch geeignet, einen optimalen visuellen Eindruck zu erzeugen – etwa durch Fotos. Achten Sie auf eine Superqualität – nichts ist schlimmer als ein unprofessionelles Foto oder eines, was gar nicht zu Ihnen passt oder Sie anders zeigt, als Sie gesehen werden (wollen). So hat mir einst eine Beraterin einen Flyer präsentiert, auf dem Sie mit blonden Haaren vor einer Blumenwiese zu sehen ist. Weder die Blumen noch das Blond passten zu dem eigentlich dunkelhaarigen Typ.

Gestaltungsfragen

Hier findet sich Ihr Firmenname; bauen Sie Ihr Logo ein. Außerdem: eine zentrale Aussage, die Ihr Angebot beschreibt!	Wunderbare Seite für persönliche Ansprache, die für Trainer und Berater sehr empfehlenswert ist. Immer persönlich unterschreiben!	Hier sollte der Teil Ihres Angebots beschrieben sein, der den zweiten Blick verdient – der zentrale Teil gehört nach rechts außen.

Hier kommen die Produkte hin, die zuerst beachtet werden sollen.	Prima für zusätzliche Informationen	Dies ist die Rückseite, wenn der Flyer nicht aufgeklappt wird. Hier gehören ein Foto und die Kontaktdaten hinein.

Website passend zur Strategie wählen

Eine Domain, die Ihrem Firmennamen entspricht, gehört zu den Selbstverständlichkeiten. Bitte weichen Sie nicht auf unbekannte Adressen wie .cc aus, damit verwirren Sie die Kunden nur. Im Zweifel: Gleich mehrere Adressen reservieren und .de als Hauptadresse nutzen, das kostet heute nur noch Cents. Nur wenn Sie international tätig sind, empfiehlt sich .com.

Planen Sie Ihren Websiteauftritt analog zu Ihrer Strategie. Eine Grundsatzentscheidung sollten Sie möglichst rasch treffen: Möchten Sie nur sich selbst darstellen, also eine Imagepräsenz aufbauen, oder möchten Sie auch aktiv verkaufen? Wenn Letzteres im Vordergrund steht, muss auch die Website komplexer sein und weitaus häufiger – am besten täglich – aktualisiert werden! Wichtige Fragen sind: Wie wollen Sie wirken, was über sich selbst sagen, wie Ihre Angebote darstellen? Machen Sie sich auch genau klar, wen Sie mit Ihrer Website ansprechen möchten. Bieten Sie dieser Zielgruppe genau das, was sie von einer guten Website erwartet. Wenn Sie unsicher sind: Schauen Sie sich Wettbewerber an und fragen Sie Ihre Kunden, welche Infos ihnen wichtig sind. Einen Kurs »Website-Erstellung für Trainer« finden Sie auf der CD.

Die Marketing-Maßnahmen im Überblick

Wichtig: Akquise und PR

Für ein Dienstleistungsunternehmen, das Unternehmen anspricht, steht die Akquise – also das Gewinnen der Kunden durch Direktansprache – ganz oben auf der Liste sinnvoller Marketing-Maßnahmen. Zentral ist zudem die PR. Als Experte für E-Learning sind einschlägige Zeitschriften wie »wirtschaft & weiterbildung« tolle Plattformen der Selbstpräsentation für Sie, als regional aktiver Unternehmensberater machen sich Interviews in der Tageszeitung sehr gut.

Folgende Tabelle fasst die wichtigsten Maßnahmen für Trainer, Berater und Coachs zusammen und gibt Empfehlungen, auf was Sie sich konzentrieren sollten:

Marketing-Maßnahme	Beschreibung	Wie vorgehen?
Werbung mit Anzeigen	In Fachmagazinen, Tageszeitungen, Publikumszeitschriften, falls regionale Dienstleistung: in Wochenblättern	Relevante Medien ermitteln. Vorsicht: Besser eine Anzeige mehrfach hintereinander schalten als auf Größe setzen. Text nicht variieren, wiedererkennbar bleiben. Besser: konkrete Produkte (zum Beispiel Seminare) verkaufen, nicht sich selbst als Anbieter
Internetwerbung	Eigene Website, Einträge in Datenbanken wie Brainguide	Website aufbauen, relevante Datenbanken ermitteln, Einträge vornehmen
PR	Fachbeiträge, Expertenartikel, Pressemeldungen	Zielmedien und Ansprechpartner ermitteln, Kurs »Pressemitteilungen schreiben« besuchen, Themen finden, Pressemeldungen verfassen, Fachartikel anbieten
Events und Veranstaltungen	Veranstaltungen aller Art, zum Beispiel Vorträge	Ideal zur Kundenbindung. Laden Sie z. B. immer mal wieder zu interessanten Vorträgen und Diskussionsabenden ein!
Verkaufsförderung	Alles, was Ihrem Verkauf direkt zugute kommt	Gutscheine verteilen, eventuell kostenlose Probestunden

Direktmarketing	Mailings per Post und E-Mail	Besser: erst anrufen, dann schicken! Normale Rücklaufquote von Mailings: 1–2 Prozent. Immer auf Response-(Antwort-)Element achten!
Empfehlungsmarketing	Alles, was Empfehlungen für Ihr Unternehmen generiert	Holen Sie Feedback ein, bieten Sie Überraschendes, leisten Sie mehr, als der Kunde erwartet.
Akquisition per Telefon	Kunden übers Telefon und durch persönliche Ansprache	Zielgruppe bestimmen, Gesprächsleitfaden entwickeln, Ansprechpartner ermitteln. System: Call – Mail – Call
Messen	Fachspezifische Messen	Liste mit relevanten Messen erstellen, Firmen ermitteln, Ansprechpartner heraussuchen, Termine vorab vereinbaren
Trainerdatenbank	Eintrag in Datenbank	Unter finanziellen und inhaltlichen Aspekten geeignete Datenbank heraussuchen und Eintrag buchen
Das eigene Buch	»Autorität« kommt von Autor – Kompetenz beweisen, indem man über »sein« Thema ein Buch schreibt	Eignung zum Autor prüfen – Thema und Konzept erstellen – ggf. mit Koautor oder Ghostwriter arbeiten – Verlag suchen

Werbung mit Anzeigen: die Wiederholung macht's

Viele Trainer, Berater und Coachs investieren erst einmal in teure Anzeigen. Das ist falsch. Eine sporadisch geschaltete Anzeige bringt nichts oder nur sehr wenig, der Effekt verpufft. Sinnvoller ist es, Sie schalten eine Anzeige vier- bis fünfmal in einem sehr spezifischen Medium, das von Ihrer Zielgruppe auch gelesen wird. Achten Sie darauf, dass Ihre Anzeigen immer am gleichen Platz erscheinen. Und: lieber etwas kleiner und öfter als größer und selten.

Sorgen Sie für Wiederholung und Wiedererkennbarkeit.

Ziel von Werbeaktionen ist es, Vertrauen beim Kunden zu wecken – und das geschieht nur durch Wiederholung. Ihr Kunde denkt: »Den kenne ich, der ist ja immer hier an dieser Stelle zu finden!« Durchschnittlich ergibt eine zielgruppengerecht geschaltete Anzeige nur einen Kontakt – diese Art der Kundengewinnung ist also sehr teuer! Erfolgt gar keine Resonanz, wechseln Sie das Medium – oder ändern Sie den Anzeigentext.

Vertrauen aufbauen

Internetwerbung: Präsenz in Datenbanken

Trainer, Berater und Coachs kommen um die Plattform »Internet« nicht herum. Vor allem der Eintrag in verschiedene Datenbanken erhöht die Wahrscheinlichkeit, dass Sie bei entsprechenden Suchanfragen auch als Experte für ein bestimmtes Thema gefunden werden.

Wenn Ihre Zielgruppe im privaten Bereich zu finden ist, bieten sich auch Suchmaschinenanzeigen – vor allem bei Google – an. Diese sind regional schaltbar. Ohne dass ein Nutzer »Hamburg« eingibt, erkennt der PC, dass die Suche in Hamburg erfolgt, und präsentiert entsprechende Anzeigen. Außerdem lässt sich so das Budget begrenzen. Bei Firmenkunden lohnt sich dieses Investment nicht – die Streuung über die Anzeigen ist zu groß.

Suchmaschinenanzeigen

Sorgen Sie darüber hinaus für möglichst viele Verlinkungen mit anderen Websites, die Ihre Kunden vermutlich interessieren. Denn: Auch Verlinkungen erhöhen Ihre Attraktivität für Google und machen Sie besser auffindbar.

Verlinkungen

TIPP

Die Websitegestaltung

Schalten Sie nicht nur einen guten Webdesigner, sondern auch einen Suchmaschinenexperten ein, der Ihre Website suchmaschinenspezifisch optimiert und für Verbreitung im Internet sorgt.

»Wunderwaffe« Public Relations

Für Trainer, Berater und Coachs sind PR eine Wunderwaffe. Einmal in einer Zeitschrift erwähnt – und Sie werden immer wieder angesprochen. Allerdings ist es enorm schwer, überhaupt in die relevanten Medien zu gelangen. Entscheidend ist dafür das richtige Thema. Kein Redakteur interessiert sich für die Tatsache, dass Sie NLP-Kurse anbieten – diese Info passt allenfalls in den wenig gelesenen Seminarkalender.

»Kunde«
Redakteur

Wenn Sie als Trainerteam den »Tag der Freundlichkeit« ausrufen oder eine Aktion »Kreative helfen Arbeitslosen« starten, ist Ihnen das Presseecho fast sicher.

Redakteure interessieren sich für alles, was ihre Leser interessiert – je publikumsorientierter die Zeitung oder Zeitschrift, desto weniger fachlich darf der Inhalt sein.

Sprechen Sie Manager an, ist eine Studie oder Befragung eine wirksame und einfache Idee, mediale Wirkung zu erzeugen. Auch wenn Sie nur zehn Geschäftsführer befragt haben – Ihr eigener Aufwand sagt nichts aus über die Wirkung eines plakativen Fazits (»Deutsche Manager stehen ratlos vor dem demografischen Wandel«).

Weitere Möglichkeiten, Presseaufmerksamkeit zu erlangen, sind:

- soziales Engagement, Spenden
- Wettbewerbe ausschreiben (Kölns fortschrittlichstes Unternehmen)
- zu Veranstaltungen einladen
- provokante Thesen aufstellen
- neue Methoden bekannt geben

Mittel der Pressearbeit sind Pressemitteilungen, deren Aufbau dem Prinzip »Das Wichtigste zuerst« folgt. Die eigentliche Nachricht sollte sich daher bereits in der Überschrift niederschlagen. Stellen Sie Ihre Firma im Abspann kurz dar, nennen Sie Ansprechpartner. Versenden Sie die Meldung per E-Mail als einfachen Text, eventuell mit einem Link auf die Pressemeldung im Internet oder zu weiteren Informationen. Viele Redakteure werden den Text einfach per Copy & Paste aus der Mail holen – andere mögen es lieber ausgedruckt und schwarz auf weiß. Erkundigen Sie sich unbedingt nach den richtigen Ansprechpartnern und bauen Sie so nach und nach einen Verteiler auf. Eine Muster-Pressemitteilung finden Sie auf der CD.

Events und Veranstaltungen

Events sind ein eigenes Marketinginstrument zur Kundenbindung. Laden Sie zum Beispiel regelmäßig zu Vorträgen ein oder veranstalten Sie Stammtische und Gesprächsrunden. Schnupperworkshops können neue Kunden anlocken. Infoveranstaltungen sind Gold wert – auch wenn Sie dafür erst einmal kein Geld nehmen. Gerade wenn Sie offene Seminare bieten oder nicht wissensbasiertes Coaching offerieren, müssen Sie potenziellen Interessenten die Gelegenheit bieten, Sie einmal »beschnuppern« und kennen lernen zu können. Know-how kauft man einfach ein, bei »weichen Skills« sieht das anders aus – zumal wenn Sie noch keinen großen Namen haben. Erst nach dem Beschnuppern wird in Sie »investiert« werden, also ein Seminar oder Coaching bezahlt werden.

Kundenbindung erhöhen

Verkaufsförderung: aktive Kaufentscheidung herbeiführen

»Lassen Sie Ihre Kunden probieren!« Das ist das Motto der Verkaufsförderung, die oft direkt am Point of Sale, dem POS, stattfindet. Ihr Ziel ist es, die aktive Kaufentscheidung zu fördern. Verkaufsförderung ist also kein typisches Marketinginstrument für Trainer und Berater.

Ideen aus dem Bereich der Verkaufsförderung lassen sich aber auch für Sie ableiten: Einführungspreise und Rabattaktionen (Sommer- oder Winterpreise, Geburtstagspreise etc.) können Ihren Verkauf ankurbeln. Gutscheine, ob zum Sommeranfang oder zu Nikolaus, sind immer eine gute Idee – vor allem, wenn Sie weitergegeben werden können.

Ideen für Verkaufsförderung

Direktmarketing mit Mailings

Im Direktmarketing arbeiten Sie vor allem mit Mailings. Damit Sie merken, wie Ihr Mailing ankommt, ist ein so genanntes Response-Element wichtig. Kunden sollen reagieren und zum Beispiel eine Karte abschicken oder ein Fax zurücksenden. Bei solchen Aktionen sind Antwortquoten zwischen ein und zwei Prozent üblich. Stellen Sie sich also auf eine größere Aktion ein.

E-Mailing Das E-Mailing als Variante ist mittlerweile äußerst beliebt, birgt aber die Gefahr, dass die E-Mail unbeachtet bleibt oder als SPAM wahrgenommen wird. Ein Brief wird eben eher geöffnet als die E-Mail eines unbekannten Versenders.

Wirkungsvoll sind auch mehrstufige Mailings, die einer inneren Dramaturgie folgen. Der Kunde soll neugierig gemacht werden auf das, was im nächsten Brief folgt.

Dies zu erreichen ist allerdings eine hohe Kunst – und die Einschaltung von Profis daher empfehlenswert.

Mailings für Bestandskunden Noch erfolgreicher sind Mailings, wenn Sie Bestandskunden anschreiben. Betreiben Sie dabei nie nur platte Werbung, sondern bieten Sie dem Kunden auch Nutzwert – Tipps und Tricks für die Geldanlage beispielsweise. Wichtig ist dabei immer die persönliche Unterschrift – und zwar eigenhändig und besser nicht digital!

Empfehlungsmarketing

Zufriedener Kunde als Werbechef Die meisten meiner Kunden kommen über Empfehlung zu mir! Wer das von sich behaupten kann, hat es richtig gemacht. Empfehlungsmarketing ist aber mehr als die Generierung von Empfehlungen durch zufriedene Auftraggeber. Es ist vor allem auch eine Methode, den eigenen Kunden mehr zu bieten, als er selbst erwartet. Dies kann ein kleiner Brief mit Bonbon nach einem abgeschlossenen Trainingsauftrag sein oder aber der Geburtstagsgruß mit Rabattgutschein.

Ideen für Ihr Empfehlungsmarketing

TIPP

- Mit exklusiven Geschenken sorgen Sie für Gesprächsstoff und persönliche Bindungen.
- Setzen Sie emotionale Anker: Was merkt sich der Kunde, weil es so ungewöhnlich ist und es sonst keiner macht?
- Holen Sie Feedback ein, überwinden Sie Ihre Angst vor Kritik. Nur wer auch Fehler und Mängel zulässt, kann besser werden! Ein positiver Umgang mit Kritik ist die Basis für erfolgreiches Empfehlungsmarketing.
- Informieren Sie den Kunden regelmäßig über Neues.
- Bieten Sie Überraschendes – den Blumenstrauß als Dank für die besonders nette Behandlung oder eine andere kleine Aufmerksamkeit.
- Erleichtern Sie Empfehlungen: im Internet mit entsprechenden Buttons und »offline« mit Gutscheinen für Freunde und Bekannte.
- Bieten Sie Anreize für Empfehlungen: Als Dankeschön ist ein kleines Geschenk oft wirksamer als eine Provision.
- Ermitteln Sie »Zielgruppensprecher«. Das sind Personen, die sehr großen Einfluss auf Ihre Zielgruppe haben, etwa die Vorsitzende eines Gleichstellungsvereins, wenn Sie in diesem Bereich tätig sind.

Bezahlte Empfehlungen

Für Empfehlungen Geld zu zahlen, ist vollkommen in Ordnung – oft läuft es aber auch ganz gut ohne schnöden Mammon, eher auf der Ebene des gegenseitigen Gebens und Nehmens. Entscheiden Sie, was besser zu Ihnen passt. Wenn es um Geld geht: Üblich sind zehn bis zwanzig Prozent der Auftragssumme.

Besprechen Sie, für welche Leistung Sie eine Provision zahlen. Sagen Sie klar, dass Sie Folgeaufträge nicht mehr honorieren, sondern nur den Erstkontakt, der durch eine Empfehlung zustande kommt.

Provision regeln

Wenn möglich: Lassen Sie den Empfehler an einem Ihrer Trainings teilnehmen oder Ihre Dienstleistung am »eigenen Leib spüren«.

Kollegen empfehlen Wenn Sie selbst andere empfehlen: Prüfen Sie genau, wen oder was Sie da »ans Herz legen«. Eine schlechte Empfehlung ist nicht nur peinlich, sondern wirkt wie ein Bumerang. »Wen haben Sie uns denn da ins Haus geschickt?« Wenn Sie einen Trainer oder Berater weiterempfehlen, der schlechte Arbeit leistet, fällt dies auf Sie zurück. Legen Sie sich daher auf Kollegen fest, die Sie sehr gut kennen und von deren Arbeit Sie selbst überzeugt sind.

Akquisition per Telefon

Telefon als wichtigstes Akquiseinstrument Die meisten Aufträge werden am Telefon vergeben – ich schätze, es sind knapp 90 Prozent. Deshalb ist das Telefon so wichtig für das Trainer- und Beratermarketing und für viele das wichtigste Marketinginstrument überhaupt. Wenn Sie am Anfang stehen, denken Sie vielleicht, dass Sie Kunden auch über Mailings und E-Mail gewinnen können, möglicherweise hoffen Sie gar auf Anzeigen. Mit Sicherheit werden Sie aber bald merken, dass dies der falsche Weg ist. Es gibt nur einen richtigen, und dieser lautet:

Call – Mail – Call

Geben Sie sich nicht der trügerischen Hoffnung hin, um einen Anruf herumzukommen. Dieser ist notwendige Voraussetzung für den Erstkontakt. Sie verschleudern sonst Ihr Geld, wenn Sie Unterlagen an Personen verschicken, die von diesen gar nicht wahrgenommen werden (und die sie vielleicht auch nicht brauchen). In den Unternehmen landen Briefe stapelweise ungeöffnet im Papierkorb, E-Mails von Unbekannten werden selten überhaupt nur geöffnet. Mit dem ersten Anruf schaffen Sie zumindest schon mal eins: Interesse. Da der Ansprechpartner Ihren Namen schon einmal gehört hat, steigt außerdem die Chance, dass Ihre Mail (ob E-Mail oder Post) gelesen wird.

Ausdauer notwendig Sehr oft reicht aber auch der Dreischritt Call – Mail – Call nicht aus. Dann müssen Sie noch mehrere »Calls« hinterherschicken, mitunter drei, fünf oder gar zehn. Ein mir bekannter Trainer hat drei Jahre an einem einzigen Auftrag akquiriert. Stellen Sie sich auf einen längeren Zeitraum ein: Je dicker der Fisch, desto länger braucht er, um zuzuschnappen. Hinzu kommt: Oft brauchen Unternehmen sehr lange, um Entscheidungen zu fällen.

Warm und kalt akquirieren

Kontaktlisten anlegen Ihr erster Schritt zum Erfolg ist eine aktuelle Kontaktliste. Wen kennen Sie – auch über mehrere Ecken hinweg? Nehmen Sie sich zum Erstellen dieser Liste Zeit, denn viele Namen werden Ihnen nicht auf Anhieb einfallen, sondern erst nach und nach in den Sinn kommen. Gehen Sie systematisch vor und fragen Sie sich, wer Ihnen alles begegnet ist und was diese Personen wohl heute machen. Recherchieren Sie dazu bei OpenBC (www.openbc.com) und Google.

> **TIPP**
>
> **Kontaktlisten erstellen**
>
> - Wen kennen Sie aus der Schulzeit?
> - Wen kennen Sie aus Vereinen?
> - Wen kennen Sie durch gemeinsame Hobbys?
> - Wen kennen Sie von Veranstaltungen?
> - Wen kennen Sie aus Berufsverbänden?
> - Wen kennen Sie aus früheren Beschäftigungsverhältnissen?
> - Wen kennen Sie aus der Nachbarschaft?
> - Wen kennen Sie aus dem Internet?

Bei der Warmakquise ist Ihnen der Ansprechpartner bereits bekannt. Bei der Kaltakquise aber rufen Sie in einem Unternehmen an, ohne dort jemanden zu kennen oder auf eine Person Bezug nehmen zu können. Das bedeutet häufig, dass Sie erst herumfragen und sich durchtelefonieren müssen, bevor Sie beim richtigen Ansprechpartner landen. Es bedeutet auch – mehr als bei der Warmakquise –, dass Sie jemanden »kalt« erwischen können, etwa zu einer ungünstigen Zeit, in einer unpassenden Situation. Wenn Sie spüren, dass der Gesprächspartner hektisch oder kurz angebunden ist, klären Sie am besten, ob er überhaupt Zeit hat oder ob Sie besser zu einem späteren Zeitpunkt noch einmal anrufen sollten!

Kaltakquise

Der Akquisetrichter: Ab in die Tüte!

Unterstützung beim geduldigen Nachfassen bietet der Akquisetrichter. Dieser erinnert Sie an die notwendigen Anrufe und fördert außerdem den Spieltrieb, denn sein Motto lautet: »Bring den Erstkontakt in die Tüte!«

Der Akquisetrichter ist ein Tool, das Ihnen hilft, den visuellen Überblick über Ihre Akquisebemühungen zu behalten.

Er dient zudem Ihrer Motivation, denn der Trichter verdeutlicht Ihnen Ihre Fortschritte und zeigt, wie nah Sie am Ziel angelangt sind. Er zeigt

Ihnen Schritt für Schritt, wie Sie aus einem ersten Kontakt einen »Kauf« oder »Auftrag« machen.

Akquisetrichter anlegen

Malen Sie einen Trichter auf ein Blatt Flipchartpapier. Dieser ist oben breit und wird nach unten hin schmaler. Teilen Sie den Trichter in drei Bereiche: oben, Mitte, unten. Schreiben Sie neben den oberen Bereich »10%«, die Mitte kennzeichnen Sie mit »50%« und »70%«, die Spitze unten am Ende mit »100%«. »100%« bedeutet: Diesen Kunden haben Sie im »Trichter«, also gewonnen.

Legen Sie sich daneben Post-its bereit, am besten in drei Farben. Jeder Kontakt kommt auf ein Zettelchen. Darauf vermerken Sie die Eckpunkte des Gesprächs und was Sie verabredet haben. Wie weit sind Sie in dem Gespräch gekommen? Ist ein erstes Interesse geweckt worden, sind Unterlagen verschickt? Dann haben Sie den Kunden zu »10%« gewonnen und kleben die Notiz in den oberen Trichter-Bereich. Wenn Sie nachtelefonieren, kommt es vielleicht zu einem persönlichen Termin. Damit erhält der Kunde ein neues Zettelchen und klebt nun bei »50%«. Fragen Sie sich dann, was der nächste Schritt sein muss, um aus »50%« »70%« oder gar »100%« zu machen.

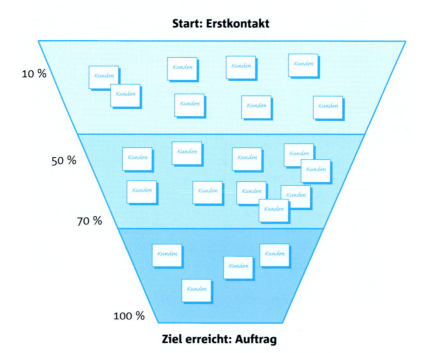

Gesprächsregeln für die Telefonakquise

Eine der wichtigsten Ratschläge lautet: Gehen Sie auf Ihren Gesprächspartner ein! Fragen Sie nach, interessieren Sie sich für den anderen. Das ist **Regel Nummer 1.** Bemerkungen wie: »Höre ich es richtig, dass Sie aus Köln kommen?« oder kleine Gespräche über das Wetter (»Haben Sie auch so viel Schnee, ach, es könnte doch endlich Frühling werden«) mögen Ihnen platt erscheinen, sind aber dennoch immer wieder wertvolle Gesprächsbereiter.

Auf Gesprächspartner eingehen

Ganz wichtig sind darüber hinaus – **Regel Nummer 2** – Fragen. Sie können gar nicht genug Fragen stellen. Das Motto der Kommunikationswissenschaftler heißt auch deshalb »Wer fragt, führt«. Stellen Sie offene und geschlossene Fragen. Offene Fragen helfen beim Gesprächsaufbau. Es sind Fragen, die den anderen eine Art Freitextfeld bei der Antwort geben. Offene Fragen lassen kein »Ja« oder »Nein« zu. Wenn Sie fragen »Welchen Stellenwert haben Kundengespräche für Sie?«, ist die Antwort weitgehend frei.

Fragen stellen

Aber es gibt noch weitere wichtige Gesprächsregeln:

- **Regel Nummer 3:** Nennen Sie den Namen des Kunden möglichst oft. »Das ist wirklich interessant, Herr XY.« Telefonprofis sagen, dass in einem Gespräch ruhig dreimal der Kunde persönlich mit Namen angesprochen werden soll.
- **Regel Nummer 4:** Loben und bestätigen Sie den Kunden, sooft es geht. »Das sehe ich auch so …« Wenn der Kunde beispielsweise darüber klagt, wie teuer alles ist, gehen Sie darauf ein, indem Sie eine eigene Erfahrung dazu beisteuern.
- **Regel Nummer 5:** Fassen Sie die Aussagen des Kunden zusammen: »Habe ich es richtig verstanden, dass …?«
- **Regel Nummer 6:** Immer mit freundlicher Stimme sprechen. Beim Telefonieren lächeln!

Mit all dem erreichen Sie, dass sich Ihr Gesprächspartner später mit einem guten Gefühl an Sie erinnert. Auch eventuell nachgeschickte Präsentationsunterlagen werden anders aufgenommen werden, wenn Sie vorher eine positive Erwartungshaltung wecken konnten.

Bevor Sie zum Telefonhörer greifen, beachten Sie:

Telefonate vorbereiten

- Informieren Sie sich über das Unternehmen, das Sie für Ihre Dienstleistung gewinnen wollen. Warum können gerade Sie ein besonders

gutes und passendes Angebot machen – zum Beispiel aufgrund Ihrer Branchenkenntnis oder anderer Erfahrungen?
- Definieren Sie Ihr Ziel, bevor Sie mit der Akquise beginnen. Beispiel: »Ich möchte den Personalverantwortlichen dazu bringen, mit mir einen Präsentationstermin auszumachen.« Setzen Sie Ihre Ziele realistisch an, machen Sie es sich aber auch nicht zu einfach. Ein mögliches Ziel könnte lauten, den richtigen Ansprechpartner für schriftliche Unterlagen ausfindig zu machen. Allerdings werden die meisten Unternehmen mit Papier überflutet, einzelne Angebote kaum noch wahrgenommen. Viel besser ist es deshalb, direkt ein persönliches Treffen zu vereinbaren oder sich die Aufmerksamkeit auf anderem Wege zu sichern. Oft liegt auch eine Chance in der dezenten Provokation: »Sind Sie sicher, dass Sie meine Unterlagen wirklich wollen? Ich schicke sie nicht jedem, dazu sind sie zu wertvoll.«
- Erstellen Sie einen Plan für Ihr Telefongespräch: Wie möchten Sie vorgehen, um Ihr Ziel zu erreichen? Wen möchten Sie sprechen? Welche Fragen sollten für Sie beantwortet werden (zum Beispiel die nach dem richtigen Ansprechpartner)? Welche Vereinbarung wollen Sie treffen (zum Beispiel ein persönliches Treffen zu arrangieren oder Präsentationsunterlagen schicken)?

TIPP | **Fragen für die Vorbereitung auf das Telefonat**

- Was weiß ich über den Kunden?
- Was ist das Ziel meines Akquisitionsgesprächs?
- Welche Unterlagen benötige ich?
- Wie eröffne ich zielgerichtet das Gespräch?
- Wo ist der offensichtliche Bedarf des Kunden?
- Wie formuliere ich mein Angebot?
- Wie reagiere ich auf Einwände?
- Welche Termine kann ich für Folgegespräche vereinbaren?

Der Gesprächsaufbau

Beginnen Sie mit einer sehr kurzen Selbstvorstellung (»Guten Tag, mein Name ist XY vom Institut für kreative Lebensgestaltung«). Gehen Sie danach auf das vermutete Bedürfnis des Kunden ein:

- Haben Sie auch schon gelesen, dass …?
- Konnten Sie bereits feststellen, dass …?
- Ist Ihnen dieser Fall in der Praxis bereits begegnet …?

Solche Gesprächseinstiege locken den anderen aus der Reserve und bringen ihn zum Reden. Die Informationen, die Sie jetzt erhalten, sollten Sie für Ihr Angebot nutzen, das Sie im nächsten Schritt unterbreiten:

Gesprächspartner zum Reden bringen

- Darf ich Ihnen vorschlagen …?
- Wie wäre es, wenn ich Ihnen das einfach einmal persönlich zeige?

Stellen Sie sich auf alle Varianten des »Neins« und alle möglichen Einwände ein. Denken Sie daran, dass 90 Prozent aller »Neins« in ein »Ja« umgewandelt werden können. Antizipieren Sie mögliche Einwände und überlegen Sie sich entsprechende Formulierungen, mit denen Sie den Einwänden begegnen können.

Treffen Sie am Ende des Gesprächs eine Vereinbarung. Um den Kunden zu gewinnen, empfehlen sich (geschlossene) Alternativfragen, die keine Ausflucht in ein »Nein« zulassen:

Vereinbarung treffen

- Passt es Ihnen besser am … oder am …?
- Ist es Ihnen lieber, wenn ich persönlich vorbeikomme oder wir uns auf der CEBIT treffen?

Überprüfen Sie nach dem Gespräch, ob Sie Ihr Ziel erreicht haben. Notieren Sie sich das Gesprächsfazit, und schreiben Sie auf, welche Vereinbarung Sie getroffen haben. Falls das Gespräch zu keinem konkreten Ergebnis geführt hat: Wann wollen Sie den Ansprechpartner erneut kontaktieren? Richten Sie sich ein Wiedervorlagesystem ein und arbeiten Sie außerdem mit dem Akquisetrichter. Einen Gesprächsleitfaden für eine Terminvereinbarung am Telefon finden Sie auf der CD.

Die Akquise delegieren

Fast jeder, der nicht gerne am Telefon sich selbst und seine Dienstleistung verkauft, denkt über das Delegieren der lästigen Akquise nach. So wird etwa ein Callcenter engagiert, um komplexe Dienstleistungen an den Mann oder die Frau zu bringen. Dieser Versuch läuft fast immer ins Leere. Die meisten Berater- und Trainerdienstleistungen sind personengebunden, die Produkte erklärungsbedürftig – das kann ein Callcenter-Mitarbeiter kaum leisten.

Callcenter

In einigen wenigen Fällen jedoch kann die delegierte Akquise Sie weiterbringen, etwa wenn es sich um nicht sehr teure und spezielle Angebote handelt. So lassen sich zum Beispiel Anti-Raucher-Seminare oder ähnlich zugleich konkrete und spezielle Trainings gut von anderen verkaufen. Zumindest aber lässt sich der erste Schritt, die Terminvereinbarung, auf eine bezahlte Kraft abwälzen. Achten Sie dabei allerdings darauf, dass der Kunde nicht das Gefühl hat, mit einem Callcenter zu sprechen. Sein Eindruck sollte sein, dass er einen Mitarbeiter von Ihnen am Apparat hat!

> **Wichtig:** Briefen Sie Ihren Telefonmarketer, sodass dieser in der Lage ist, Auskünfte über Sie und Ihr Produkt zu erteilen. Geben Sie einen Telefonleitfaden vor sowie eine Vorgehensweise, die Ihrer Branche entspricht.

Zudem ist eine Erfolgskontrolle notwendig! Verlangen Sie genaue Listen mit Gesprächsnotizen. Ist die richtige Zielgruppe direkt angesprochen, sollte einer von drei Anrufen zum angestrebten Erfolg führen.

Telefonmarketer als Unterstützung

Überdenken Sie Ihr Konzept, wenn die Quote sehr viel schlechter ist. Zahlen Sie dem Telefonmarketer eine stundenbasierte Vergütung und legen Sie eine Erfolgsprovision als Appetizer obendrauf. Selbstständige Telefonvermarkter nehmen zwischen 25 und 60 Euro pro Stunde.

Sieben Stufen zum Erfolg

Sie können sich während des Telefonats an den sieben Erfolgsstufen der Telefonverkäufer orientieren:

1. **Aufwärmphase:** Beginnen Sie das Gespräch positiv.
2. **Benefit-Analyse:** Was braucht der Kunde?
3. **Argumentation:** Welchen Nutzen hat Ihr Produkt oder Ihre Dienstleistung für den Kunden?
4. **Einwände:** Behandeln Sie Einwände mit Respekt. Begegnen Sie ihnen mit Lob und Bestätigung, führen Sie das Gespräch dann wieder zurück zum eigentlichen Gesprächsgegenstand.
5. **Zielvereinbarung:** Formulieren Sie das Gesprächsergebnis.
6. **Benefit-Sales:** Ermitteln Sie weitere Kundenwünsche.
7. **Gesprächsabschluss:** Fassen Sie das Gespräch kurz zusammen und geben Sie einen Ausblick, wie Sie weiter vorgehen werden.

Adressen kaufen

Alle Adressen von Personalverantwortlichen größerer Unternehmen über 1000 Mitarbeiter auf einmal kaufen? Schön, wenn es so einfach wäre. Die Adressen, die Sie brauchen, müssen Sie sich in aller Regel »erarbeiten«. Ein Kauf ist sehr teuer, kostet nicht selten mehrere Tausend Euro. Ob sich so eine Aktion rechnet? Meistens ist dies nicht der Fall.

Ob sich der Adresskauf lohnt (oder das Selbst-Sammeln besser ist), hängt von Ihrer Dienstleistung ab. Anbieter wie Schober oder Quadress verwalten die Daten von Unternehmen nach verschiedenen Selektierungskriterien wie Branche oder Umsatz. Auch die erste und zweite Führungsebene ist oft namentlich benannt. Allerdings: Gerade der Personalbereich wird oft nicht oder nur sehr unvollständig abgedeckt, die Geschäftsführungsebene lässt sich dagegen über den Adresskauf gut erschließen.

Nutzen prüfen

Wohlfühlen beim Telefonieren

TIPP

- Sitzen Sie bequem. Manche Menschen stehen bei wichtigen Telefonaten lieber, weil sie so besser reden können.
- Lächeln Sie, Sie wirken dadurch automatisch positiver. Ob Sie zur Kontrolle der Mimik einen Spiegel vor sich aufstellen oder nicht, ist Ihre Sache.
- Engagierte Körpersprache »sieht« und hört der Gesprächspartner. Engagieren Sie sich, in dem Sie gestikulieren.
- Passen Sie sich der Redegeschwindigkeit des Partners an.
- Betonen Sie wichtige Aussagen.
- Gehen Sie auf den Gesprächspartner ein und akzeptieren Sie seine besondere Art.
- Bauen Sie eine Beziehung auf, indem Sie genau zuhören, Interesse zeigen und nachfragen.
- Sprechen Sie Ihr Gegenüber direkt und persönlich an. Argumentieren Sie aus seiner Perspektive (»... wird Ihnen helfen, ... ist Ihnen nützlich bei ...«). Fragen Sie sich, warum Ihr Gesprächspartner ausgerechnet Ihr Produkt kaufen sollte.
- Bereiten Sie sich auf Einwände vor.
- Vermeiden Sie negative Begriffe wie »Problem« oder das »Nein«.
- Warten Sie nach Beenden des Gesprächs so lange, bis der andere den Hörer aufgelegt hat.

Unter den Adressenverkäufern gibt es zahlreiche schwarze Schafe. Achten Sie darauf, dass das Unternehmen – wie etwa Schober – Sperrlisten führt, also bestimmte unseriöse Anbieter ausschließt.

> **TIPP**
>
> **Adressenverkäufer:**
>
> - Schober (www.schober.de): marktführender Adressenverkäufer
> - Quadress (www.quadress.de): vier Millionen Firmenadressen
> - Kreuzer (www.firmen-adressen.de): aktualisiert Firmenadressen vor Weitergabe auf Wunsch und ermittelt individuelle Ansprechpartner

Kundenkartei selbst aufbauen

Sammeln Sie alle Kundendaten, und zwar von Anfang an. Oft wird genau dies nicht gemacht: Der nachträgliche Aufbau ist dann mühsam und zeitintensiv. Außerdem müssen Sie manche Informationen nochmals recherchieren, weil Adressinformationen oft rasch veralten.

Eigene Datenbank

Eine Kundendatei hilft außerdem, vorhandenen Kunden immer wieder neue Angebote zu unterbreiten und dadurch zu Stammkunden zu machen. Sie unterstützt außerdem bei der Kontrolle von Werbemaßnahmen. Also:

- Schreiben Sie sich immer alle Daten von Interessenten auf.
- Nehmen Sie die Adressen von Seminarteilnehmern auf.
- Notieren Sie zum Ansprechpartner immer gleich alle Daten.
- Fragen Sie immer auch nach dem Geburtsdatum (für spätere Geburtstagspost!).
- Legen Sie bei Infoveranstaltungen Listen auf.

Datensätze managen

Ideal ist die Verwaltung von Adressen in einer Datenbank wie Access. Von Access aus sind Daten sehr einfach nach Outlook zu exportieren, außerdem lassen sich personalisierte Serienbriefe erstellen. Bis etwa 1000 Datensätze managen Sie per Outlook ohne Probleme, bei größeren Datenmengen stoßen Sie an Grenzen. Haben Sie sehr viele Daten, so kann es sinnvoll sein, auf einen Kontaktmanager wie ACT! auszuweichen, der weit mehr Zusatzinformationen speichert und weitere Funktionen, etwa für den Newsletterversand, bietet.

Diese Infos gehören in jede Datenbank **TIPP**

- Name des Unternehmens
- Ansprechpartner, mit Vornamen und Nachnamen
- Titel des Ansprechpartners
- Anrede Herr / Frau
- Straße
- Postleitzahl
- Ort
- Telefonnummer (Durchwahl)
- Handynummer
- Fax
- E-Mail-Adresse
- Website
- Statusfeld (Kunde, Interessent etc.)
- Feld für Bemerkungen

Wenn Sie mehrere Personen anschreiben, setzen Sie diese immer in das so genannte BCC bei Outlook oder in einem anderen E-Mail-Programm. Andernfalls kann der Angeschriebene sehen, wen Sie sonst noch auf dem »Schirm« haben, dazu verletzen Sie neben der Höflichkeit auch den Datenschutz.

Akquise auf Messen

Die Ansprache am Telefon ist zentral, die Königsdisziplin für den Kontaktaufbau ist jedoch die persönliche Ansprache »Auge um Auge«. Wenn Sie die Musikbranche beraten, kommen Sie an den einschlägigen Messen wie der Internationalen Musikmesse in Frankfurt nicht vorbei. Sind Sie E-Learning-Experte, steht für Sie die LEARNTEC auf dem Programm. Das sind wunderbare Gelegenheiten, sein eigenes Angebot und sich selbst direkt persönlich vorzustellen. Wehrmutstropfen: Nicht immer sind die Entscheider auf Messen anzutreffen. Je publikumsorientierter die jeweilige Messe, desto eher dominiert das externe »gekaufte« Personal und der Außendienst; Entscheider sind kaum anzutreffen.

Persönliche Begegnung

> **Informieren Sie sich vor der Messe über die Firmen, die Sie ansprechen wollen. Vereinbaren Sie, wenn irgend möglich, schon vorab Termine.**

Dabei gehen Sie wie folgt vor: »Mein Name ist … Ich bin … Sicher haben Sie ein Intranet … Darf ich fragen, ob Sie Mitarbeiter auch gerne kostengünstig online schulen …? Gerne würde ich Ihnen auf der LEARNTEC einmal unverbindlich vorstellen, wie Sie E-Learning einfach und kostengünstig ins Intranet integrieren können.«

Verhaltenstipps für den Messebesuch

Entwickeln Sie einen genauen Plan und nehmen Sie genügend Visitenkarten, Flyer und eventuell Präsentationsmappen mit. Wenn Sie vorab keine Termine machen konnten: Fragen Sie auf dem Stand gezielt nach dem Verantwortlichen (den Sie zuvor ermittelt haben). Bauen Sie das Gespräch per Smalltalk oder mit einem Lob auf, bevor Sie Ihr eigenes Angebot vortragen. Je konkreter Ihr Vorschlag, was Sie für das Unternehmen tun können, umso besser. Ein Gesprächseinstieg wie: »Ich wollte mal fragen, ob Sie eine Unternehmensberatung mit Erfahrung im Umweltbereich brauchen« wird schnell mit einem »Nein« gekontert werden. Besser ist: »Sicher ist Ihnen bekannt, dass im Zuge von Basel II auch die Personalauswahl professionalisiert werden muss. Dazu haben wir ein einfaches Tool entwickelt …«

Eintrag in eine Trainerdatenbank

Zwischen 70 und 500 Euro kostet der Eintrag in eine Trainer- bzw. Beraterdatenbank. Lohnt sich das? Die meisten Trainer melden ein »Ja« zurück. Zwar kommen nicht allzu viele Kontakte zustande – aber oft entwickelt sich daraus ein dauerhafter Auftrag.

Bekannte Trainerdatenbanken

Am bekanntesten ist die Dozentenbörse (www.dozentenboerse.de) von Marco Ripanti. Länger am Markt, aber etwas langsamer in Sachen Selbst-PR und Suchmaschinenmarketing ist www.trainer.de. Im Zweifel schadet ein doppelter Eintrag nichts – er macht Sie auch nicht arm. Achten Sie auf ein sehr genaues Profil und arbeiten Sie heraus, was Sie einmalig macht und von der Konkurrenz abhebt.

Besonders gut für Ihr eigenes Suchmaschinenranking ist ein Eintrag bei www.brainguide.de. Überhaupt ist dies ein Sekundäreffekt der Datenbankeinträge: Sie verbessern in der Regel auch Ihre eigene Stellung in der Suchmaschine Google und sorgen dafür, dass Sie leichter gefunden werden können. Und bei Brainguide können Sie neben dem Standardeintrag auch ein Premiumprofil buchen, sollten dazu aber bereits einiges an Veröffentlichungen vorweisen können – dieses Superprofil kostet dann auch 500 Euro im Jahr.

Branchen-Datenbanken im Überblick:

- Dozentenbörse (www.dozentenboerse.de)
- Trainer.de (www.trainer.de)
- Brainguide (www.brainguide.de)
- Expertweb (www.expertweb.de)
- Openbc (www.openbc.com)
- Mwonline (www.mwonline.de)

Keine Branchendatenbank, aber absolut nützlich, um von Auftraggebern gefunden zu werden: das Business-Netzwerk OpenBC. Hier können Sie für rund 7 Euro im Monat ein Profil speichern und Kontakte sammeln, durch intelligente Beiträge in Foren auf sich aufmerksam machen oder Namen und Ansprechpartner recherchieren.

Business-Netzwerk

Das eigene Buch als Marketinginstrument

Gerade für Trainer ist das Buch das Marketinginstrument schlechthin, erhöht es doch den Marktwert immens. Leider ist es nicht so einfach, einen Verlag für sein Werk zu finden. Darüber hinaus sind die meisten Themen auch schon abgedeckt. »Me-too-Produkte«, also Bücher zu Themen, die es bereits gibt, lassen sich sehr viel schwerer verkaufen als Neuheiten. Ideal ist zudem ein provokantes Thema.

Hintergrund: Von Büchern und Tantiemen

Im Buchbereich unterscheiden Profis Fachbücher, Ratgeber und Sachbücher. Fachbücher werden meist in Stückzahlen vertrieben, die unter 1000 liegen. Der Autor muss selbst Bücher abnehmen, bekommt oft keine Tantiemen oder muss draufzahlen. Ein typischer Fachbuch-Verlag ist Gabler für betriebswirtschaftliche Literatur. Ratgeber richten sich an ein größeres Publikum, hier sind Stückzahlen ab 1000 bis mehreren 10 000 möglich. Ein Ratgeber spricht den Leser direkt an, gibt ihm Tipps

Fachbuch, Ratgeber und Sachbuch

und Empfehlungen und hat keinen wissenschaftlichen Anspruch. Ein Sachbuch vertritt bestimmte, meist provokante Thesen und beweist diese auf anspruchsvolle und unterhaltsame Weise. Bestseller-Sachbücher können sich auch schon mal 100 000-mal verkaufen, aber genauso gut ihr Dasein als Ladenhüter fristen. Grundsätzlich jedoch können Sie mit dem Sachbuch die meisten Leser erreichen.

**Sachbücher bei Verlagen unterzubringen, ist sehr schwer.
Sie brauchen dazu einen Namen, müssen bereits irgendetwas erforscht haben oder aber Journalist sein.**

Tantiemen: Berechnungsmethoden

Üblich sind Tantiemen zwischen 5 und 18 Prozent, wobei es zwei unterschiedliche Berechnungsmethoden gibt: Einige Verlage gehen vom Nettoladenpreis aus, also dem Verkaufspreis ohne Mehrwertsteuer. Andere ermitteln Ihre Tantiemen anhand des Nettoerlöses. Das ist der Verkaufspreis abzüglich des Buchhandelsrabattes, der meist bei rund 30 Prozent liegt. Übliche Einsteigertantiemen sind bei der ersten Variante sieben bis acht Prozent und bei der zweiten zehn bis 12 Prozent. Dabei wird oft eine Staffel vereinbart: Verkaufen Sie mehr als 5000 Stück, erhalten Sie danach auch mehr Prozente.

Trainerporträt: Lothar Seiwert

Lothar Seiwert (www.seiwert.de) ist Leiter des Seiwert Instituts, Bestsellerautor und »Deutschlands führender Zeitmanagementexperte« – seitdem ihn die Zeitschrift »Focus« so benannte. »Time-Management-Life-Leadership« hat Seiwert als Marke angemeldet, zusätzlich entwickelt der Zeit-Professor fleißig neue Strategien (etwa die Bärenstrategie). Seiwert ist ein Paradebeispiel für den Erfolg der in diesem Buch vorgestellen EKS-Strategie: ein Thema, viele Varianten, bombastischer Erfolg. Seine Kompetenz im Thema »Zeit« verfeinert Seiwert stetig – und erweitert die Angebotspalette permanent, vor allem um Bücher und Seminare.

Interessant für die Marketingbetrachtung ist dabei, dass der Professor selten ein Wort zu seinem beruflichen Hintergrund verliert, sondern sich weitestgehend auf persönlicher Ebene der Öffentlichkeit präsentiert, etwa als Bärenliebhaber, der überall in seinem Haus Bären stehen hat und selbst Strümpfe mit Bärenmotiven trägt.

Der erste Schritt: Thema und Konzept

»Ich möchte über XY schreiben« – oft treten Kunden so an mich heran und erwarten einen guten Tipp, wie Sie jetzt einen Verlag finden. Ich sage dann immer »Stopp«, denn der beste Rat bei diesem Projektstand ist folgender: Formulieren Sie erst einmal eine These und erarbeiten Sie dann ein Konzept! Recherchieren Sie davor bitte noch den Markt: Welche Bücher zu diesem Thema gibt es bereits? Was unterscheidet Ihr Buch von den anderen? Ein Beispiel für ein Buchkonzept finden Sie auf der CD.

Erste Überlegungen zu Thema und Konzept

- Was ist der Arbeitstitel des Buches?
- Was steht vorne auf dem Cover?
- Was steht hinten (als Kurzbeschreibung)?
- Was befähigt Sie dazu, ein Buch über dieses Thema zu schreiben?
- Welche anderen Bücher zu diesem oder einem ähnlichen Thema gibt es?
- Wie viele Seiten soll das Buch haben?
- Was ist es für ein Buch (Sachbuch, Fachbuch, Ratgeber)?
- Wie viele Monate nach Vertragsunterzeichnung können Sie Ihr Buch abgeben?
- Wie sieht das vorläufige Inhaltsverzeichnis aus? Wie heißen die einzelnen Kapitel?

Die Zusammenarbeit mit einem Koautor

Die wenigsten Trainer sind trainierte Schreiber. Leider halten sich manche trotzdem dafür. Aber: Um eine breite Leserschicht zu erreichen, genügt es nicht, saubere Sätze zu formulieren und die deutsche Rechtschreibung und Grammatik zu beherrschen. Prüfen Sie sich deshalb: Sind Sie wirklich in der Lage, ein ganzes Buch mit lebendigem Inhalt zu füllen? Schalten Sie einen schreiberfahrenen Koautor ein, wenn Sie diese Frage nicht eindeutig mit »Ja« beantworten können.

Eignung zum Autor

Die Kombination »Erfahrener Autor und erfahrener Berater / Trainer / Coach« funktioniert meist gut, wenn beide den Fachbereich und die Kompetenzen des anderen schätzen und sich nicht in den jeweils anderen Kompetenzbereich einmischen.

Das bedeutet: Nur einer darf letztendlich schreiben, sonst macht sich das im Stil bemerkbar. Denken Sie auch bei Ihrem Buchprojekt an die eigene Effizienz: Wenn Sie drei Tage brauchen, um 10 000 Zeichen zu schreiben, sollten Sie sich überlegen, ob dies in einem gesunden Verhältnis zum Aufwand steht.

Dies bedeutet allerdings auch, dass Sie entweder viel Geld für Ihr Buch bezahlen müssen oder sich ein Thema wählen, durch das sich viele Leser gewinnen lassen. Wenn Sie beispielsweise 5000 Bücher verkaufen (was für einen Newcomer schon richtig gut ist!), verdienen Sie bei 10 Prozent an 20 Euro netto zwei Euro pro Buch. Insgesamt hätten Sie (zu zweit) also 10 000 Euro verdient. Sehr unwahrscheinlich, dass Sie für diesen Betrag einen Koautor gewinnen, der dieses Buch nicht auch zur eigenen Vermarktung nutzen will. Wünschen Sie »nur« einen Schreiberling, bedeutet dies, dass Sie oft in Vorleistung treten und diesem auch einen ordentlichen finanziellen Anreiz bieten müssen – vor allem, wenn Sie nicht wollen, dass Ihr Koautor auf dem Cover genannt wird.

Kosten für Koautor Geht man bei Autoren von einem durchschnittlichen Tagessatz von 350 Euro aus, könnte eine mögliche Rechnung so aussehen:

- drei Tage Interviews = 1050 Euro
- drei Tage Bänder abhören = 1050 Euro
- jede Seite Text à 1500 Zeichen, 50 Euro, gesamt 200 Seiten = 10 000 Euro

Ihr Koautor wäre dann nicht an den Tantiemen beteiligt, was Sie vertraglich absichern müssen.

Den geeigneten Verlag finden

Agenten einschalten Auch im Sachbuch- und Ratgeberbereich sind Agenten heute die Regel. Diese behalten 15 bis 20 Prozent Ihrer Tantiemen ein. Dafür finden sie einen geeigneten Verlag und handeln Konditionen aus. Festhonorare sind dafür nicht üblich. Der Agent verdient also nur, wenn Sie selbst verdienen, was ihn natürlich auch dazu bewegt, das Bestmögliche für Sie herauszuholen.

Viele Verlage werden mit Manuskripten so bombardiert, dass Sie sich nur die durch Agenten vorselektierten Buchkonzepte genauer anschauen. Ein Agent wird Ihnen zudem wertvollen Input liefern, auf was Sie bei

Ihrem Projekt achten müssen. Er wird Ihr Konzept kritisch begutachten und eventuell auch ein Probekapitel fordern.

Eine Auswahl von Agenturen finden Sie im Internet unter www.uschtrin.de.

Vorsicht vor selbst produzierten Büchern oder Books on Demand, also Büchern, die Sie selbst bezahlen und die beim Verlag BOD in kleiner digitalisierter Auflage produziert und vertrieben werden. Diese haben ein sehr schlechtes Image und werden gerne milde belächelt. Motto: Wenn jemand es bei einem richtigen Verlag nicht schafft, geht er zu BOD! Sie sollten sich diesen Schritt nur vorbehalten, wenn Ihr Thema zu speziell für klassische Verlage ist.

Books on Demand

Interview:
Warum Trainer sich einfach nicht vermarkten können

Marco Ripanti betreibt mit www.dozenten-boerse.de die erfolgreichste Trainerdatenbank im Netz. Ripanti ist für sein offensives Marketing bekannt.

Was machen die meisten Trainer falsch bei der Selbstvermarktung?

Ripanti: Sie wollen kein Geld ausgeben. Dabei gilt auch im Trainingsbereich die Regel: erst investieren, dann nehmen. Außerdem vergessen sie über dem Tagesgeschäft, dass diese Investition dauerhaft und permanent sein muss.

In was soll investiert werden?

Ripanti: Beispielsweise in PR. Trainer sehen oft nicht ein, dass PR keine einmalige Aktion, sondern dauerhafte Begleitung ist. Vielleicht muss auch einmal jemand bezahlt werden, der Fachartikel schreibt. Das, was ich lese, sind meist Werbeartikel. Viele Trainer denken leider, Sie könnten schreiben, aber das journalistische Handwerkszeug beherrschen sie nicht. Mit der Folge, dass Artikel weniger gut wahrgenommen werden, als sie wahrgenommen werden könnten.

Und wie sieht es mit dem Marketinginstrument »Internet« aus?

Ripanti: Es gibt leider wenige innovative Trainer. Die meisten pflegen ihre meist statischen Internetseiten nicht mal richtig. Zu den wenigen Innovativen gehören eine Hand voll Blogger wie Dr. Robes mit seinem www.weiterbildungsblog.de. Podcasting wäre eine prima Methode für Trainer, sich mit Sprache im Internet zu präsentieren.

Worauf führen Sie die mangelnde Innovationsbereitschaft zurück?

Ripanti: Ich denke, dass Trainer und auch Berater eine Neigung zur Egozentrik haben. Sie bilden sich etwa ein, dass Sie einfach gefunden werden müssen. Etwa im OpenBC. Dabei muss es umgekehrt laufen: Der Trainer muss aktiv werden, mitdiskutieren, ansprechen und vor allem ein vernünftiges Profil ins Netz stellen.

Apropos Profil ...

Ripanti: Die sind oft einfach nicht aussagekräftig. Seitenlange Selbsthuldigungen sind die Regel, es fehlt an klaren Aussagen. Oder die Trainer erwecken durch das Foto einen völlig falschen Eindruck: Da sieht man dann Trainer mit einem Weinglas in der Hand. Zwei Seiten Profil reichen aus. Wer einen Trainer sucht, muss erkennen, was er da kauft.

Sollte sich der Trainer dabei breit oder »nischig« aufstellen?

Ripanti: Ich halte nicht sehr viel von der reinen Nischenpolitik. Echte Startrainer, die nur für ein Thema stehen, haben auch eine weitaus geringere Auslastung als Trainer mit einem breiteren Profil. Eine gute Mischung zu haben – das ist die richtige Strategie.

Und welche Tipps geben Sie sonst noch?

Ripanti: Leute – geht auf Messen, auf Kongresse, lest die einschlägigen Zeitschriften der Weiterbildungsbranche! Es wundert mich sehr, dass viele das nicht tun. Außerdem: auf Referenzen und einen guten Leumund achten. In Zukunft werden Tools wie www.ikarma.com immer wichtiger werden. Hier bewerten Auftraggeber den Trainer direkt – eine nachhaltige und kaum manipulierbare Referenz.

Der Business-Plan als Sollvorgabe

Die meisten Trainer, Berater und Coachs starten mit wenig Geld. Es muss ja auch nichts produziert, nichts angeschafft werden, Kredite sind da kaum nötig – und nur für die Finanzierung der Lebenshaltungskosten zahlen die Banken ohnehin nichts. Ich gehe deshalb nur kurz auf dieses Thema ein und konzentriere mich dann auf den Business-Plan als Sollvorgabe für Ihre Unternehmensgründung und auf das Unternehmenskonzept für den Antrag auf Überbrückungsgeld bei der Arbeitsagentur.

Kredite kosten Geld

Für freiberufliche Vorhaben Gelder zu bekommen, ist sehr schwer. Was müssen Sie anschaffen oder kaufen? Wieso gleich mit Mitarbeitern starten? Warum so große Gewerberäume?

Fragen Sie sich erst einmal, ob es wirklich nötig ist, im ersten Schritt Geld zu investieren, oder ob Sie es nicht auch privat beschaffen können.

Eigenkapital wichtig

Und noch mal: Banken finanzieren keine Lebenshaltungskosten. Banken lachen über Summen, die unter 50 000 oder 100 000 Euro liegen. So genannte Mikrokredite werden zwar immer wieder beworben, aber nur wenige erhalten sie wirklich! Und halten Sie sich zudem vor Augen: Kredite kosten Geld. Wenn Sie sich die notwendigen Euro von der Familie und Bekannten leihen, ist dies viel günstiger für Sie. Zudem: Bei der Beantragung von Krediten müssen Sie immer über Eigenkapital verfügen. Empfohlen wird eine Eigenkapitalquote von 20 Prozent, unter 15 Prozent sollte sie keinesfalls liegen. Das heißt, dass Sie 20 oder 15 Prozent der benötigten Kreditsumme selbst einbringen müssen, zum Beispiel durch Bargeld oder Bausparverträge.

Bei Unternehmen, die bereits als Kapitalgesellschaften – etwa GmbH oder AG – firmieren, versteht man unter Eigenkapital den Teil des Vermögens, der den Eigentümern zuzurechnen ist. Dazu zählen je nach Rechtsform das Kapitalkonto des persönlich haftenden Gesellschafters, das Stammkapital und der Bilanzgewinn.

Das Kontokorrent

Der Dispo Die Banken sind oft gnadenlos: Bemerken sie, dass keine regelmäßigen Zahlungen mehr eingehen, oder erfahren sie von Ihrer Selbstständigkeit durch Zufall, drehen sie Ihren Disposchalter gern auf null zurück. Dabei ist es unerheblich, ob Sie in drei Monaten 20 000 Euro erwarten. Unregelmäßige Zahlungseingänge sind für Banken fast schon verwerflich, interessant ist für sie nur die Regelmäßigkeit der Zahlungseingänge.

Sprechen Sie vor der Gründung mit Ihrer Bank, um wenigstens einen kleinen Kontokorrentrahmen – das ist der Fachbegriff für Dispo – zu erhalten.

Privatkredite

Günstigerer Zinssatz Brauchen Sie langfristig eine kleinere Summe Geldes, ist die erste Wahl ein privates Darlehen. Können Sie dies nicht erhalten und stehen Sie dauerhaft in den Miesen, empfiehlt es sich, auf einen Privatkredit umzuschichten, da die Zinsen dafür stets deutlich niedriger liegen als für den Dispositionskredit. Privatkredite können Sie auch als Einzelperson erhalten.

Für normale private Bankkredite, die Sie für eine Umschuldung vom Dispositionskredit, den Kauf eines Autos oder Computers einsetzen – ob betrieblich oder privat, ist den Banken an dieser Stelle gleich –, brauchen Sie in der Regel keine Sicherheiten. Raten für 10 000 Euro, die in 36 Monaten abbezahlt werden sollen, beginnen derzeit bei einem Zinssatz von etwa 6,4 Prozent.

Staatliche Bürgschaften

Vielleicht haben Sie von der KfW-Bank gehört, die Gründer umwirbt. Die KfW ist eine Bürgschaftsbank. Sie fungiert also als Bürge für andere Banken, in dem Fall Ihre Hausbank. Die Beantragung läuft über Ihre Hausbank.

Die Bürgschaftsbank bürgt für bis zu 80 Prozent der Summe, über die die Bürgschaft beantragt wurde. Für die restlichen 20 Prozent haften Sie selbst. Und hier haben wir schon wieder den »Knackpunkt«: Sobald Sie persönlich einstehen müssen, brauchen Sie wiederum Sicherheiten. Dies bedeutet, dass Sie auch eine Ausfallbürgschaft der KfW nicht davor bewahrt, Ihren eigenen Besitz einzubringen.

Mikrodarlehen und Startgeld Interessant für Freiberufler sind vor allem das Mikrodarlehen (bis 25 000 Euro) und das Startgeld (bis 50 000 Euro). Für beide Programme benötigen Sie ein Eigenkapital in Höhe von 20 Prozent. Solche Existenzgründungsdarlehen können Sie nur in den ersten zwei Jahren einer Gründung beantragen – und meist nur für Ihre erste Gründung (Ausnahme: Mikrodarlehen). Darüber hinaus müssen Sie jünger als 50 Jahre sein. Und: Sie brauchen eine Idee, die »mehr« hermacht – etwa die Gründung einer Unternehmensberatung in einem speziellen Nischenmarkt.

Das Herzstück: der Business-Plan

Ohne Business-Plan kein Kredit außer Kontokorrent. Ohne Business-Plan aber auch keine »Lizenz zum Gründen« aus der Arbeitslosigkeit heraus. Zum Antrag auf Überbrückungsgeld gehört immer das Unternehmenskonzept dazu – gleich, ob Sie als freier Dozent oder Unternehmensberatung gründen wollen.

Dieses Unternehmenskonzept besteht aus einem Text- und einem Finanzteil. Business-Pläne für die Arbeitsagentur und für die eigene Übersicht können ruhig kurz und knackig sein. Kern ist hier eine Rentabilitätsvorschau, die Berechnungen über die geplanten Ein- und Ausgaben enthält. Diese Rentabilitätsvorschau zeigt zudem den »Break-even-Point« – den Punkt, an dem Sie die Gewinnschwelle erreichen. Berater und Trainer schaffen dies meist sehr schnell, da ihre Kosten gering sind. Die kleinste Einheit der Rentabilitätsvorschau sind die eigenen Preise. Und diese Einheit ist schwer zu finden – das haben Sie im Kapitel über die »Preisfindung« gelesen. In den Finanzteil gehören zudem eine Kapitalbedarfsanalyse oder ein Investitionsplan sowie ein Liquiditätsplan. Vielen Arbeitsagenturen oder vielmehr den fachkundigen Stellen, die den Business-Plan absegnen, reicht allerdings die Vorlage der Rentabilitätsvorschau.

Textteil und Finanzteil

Der Textteil des Business-Plans

Der Textteil sollte alle Aspekte der Idee systematisch beschreiben. Er beginnt mit einem »Executive Summary«, einer Zusammenfassung der Eckpunkte auf maximal einer DIN-A4-Seite, die Sie am besten *zuletzt* schreiben.

Schreiben Sie nach der Einführung keine langen, ungegliederten Texte, sondern bauen Sie Rubriken auf. Die Rubriken eines Unternehmenskonzepts sind entgegen anders lautender Meinungen keineswegs vorgeschrieben. Sie sollten allerdings sinnvoll sein und zu Ihrem Un-

In Rubriken einteilen

ternehmen passen. Wenn Sie keine Produktionskosten haben, brauchen Sie dazu auch nichts zu sagen. Wenn die Einstellung von Mitarbeitern nicht geplant ist, brauchen Sie dazu auch nur einen Halbsatz zu verlieren. Gründungen ohne Mitarbeiter werden von den Banken allerdings kaum gefördert.

> **TIPP**
>
> ## Leitfaden für Bankgespräche
>
> Bevor Sie zu einer Bank gehen, sollten Sie sich mit folgenden Fragen beschäftigen und klare Antworten dazu ausarbeiten:
>
> - Was ist Ihre Geschäftsidee?
> - Welche Marktlücke besetzen Sie?
> - Wie gewinnen Sie Kunden und Auftraggeber?
> - Wer sind Ihre wichtigsten Wettbewerber?
> - Wie unterscheiden Sie sich von Ihren wichtigsten Wettbewerbern?
> - Falls Sie keine Konkurrenz haben: Wieso hat noch niemand diese Idee ausprobiert? Gibt es Beispiele für ein Scheitern in diesem Segment?
> - Wie sieht der Markt für Ihre Dienstleistung in Zahlen aus?
> - Was sind die Zukunftstrends?
> - Wie viel werden Sie investieren?
> - Wie hoch werden die laufenden Kosten sein?
> - Welche Eigenmittel stehen Ihnen dazu zur Verfügung?
> - An welche Bankkredite haben Sie gedacht? (Sie müssen wissen, welchen Kredit Sie wollen!)
> - Welche Sicherheiten bieten Sie?
> - Mit welchen Umsätzen und Erträgen rechnen Sie?
> - Wie kommen Sie auf diese Umsätze? (Preisfindung genau erklären!)
> - Wie hoch sind Ihre Personalkosten?
> - Welche Gesetze haben Einfluss auf Ihre Idee?
>
> **Achtung:** Jede Kreditanfrage verschlechtert Ihr »Rating«, Sie werden registriert, wenn Sie nach Krediten fragen. Vorsicht also, wenn die Idee nicht sauber durchdacht ist. Besser vorher einen Berater einschalten!

Beschreiben Sie im Textteil:

Inhalte des Textteils

- **die Geschäftsidee:** Beschreiben Sie kurz, was Ihre Idee ist. Ja, Ihre Idee: Es geht bitte um mehr als nur Training, Beratung und Coaching – es geht um die Abgrenzung von Wettbewerbern, die auf Ihrem Markt agieren.
- **die Unternehmensform:** Wie wollen Sie starten? Höchstwahrscheinlich sind Sie Freiberufler oder eine Freiberufler-GbR, vielleicht aber auch schon eine GmbH. In der Regel sind Sie kein (gewerbliches) Einzelunternehmen.
- **Gründer und Team:** Wer sind Sie bzw. wer sind die Mitgesellschafter? Welche – bitte unterschiedlichen – Kompetenzen besitzen diese, falls Sie als Team auftreten? Und wer wird in Ihrem Unternehmen für was zuständig sein? Was befähigt Sie, als Freiberufler tätig zu sein? Heften Sie dem Business-Plan einen Lebenslauf an. Stellen Sie als Trainer, Berater oder Coach Ihre Berufspraxis und Fachkenntnisse, Ihren Zugang zu einer bestimmten Zielgruppe sowie gegebenenfalls Zertifizierungen in den Vordergrund.
- **die Frage der Mitarbeiter:** Wollen Sie bereits jemanden einstellen oder nicht? In welcher Form?
- **die Zielgruppe:** Beschreiben Sie, wen Sie ansprechen. Schreiben Sie niemals »alle«. Ihre Zielgruppe ist meist ein Entscheider, oft der Personalverantwortliche in Unternehmen. Er hat ein Hobby, liest spezielle Medien, befindet sich in einer bestimmten Altersstufe und ist manchmal auch geschlechtsspezifisch eindeutig zu identifizieren.
- **den Markt:** Wie sieht der Ort aus, an dem Sie Ihre Produkte verkaufen? Das muss kein realer Ort sein, sondern kann auch ein Ort »im Kopf des Kunden« sein. Wo sitzt sein Bedürfnis und wo trifft man es an, um es zu befriedigen? Ein Markt im Trainingsbereich kann beispielsweise der Markt für Vertriebstrainings für Frauen sein. Ziehen Sie Zahlen heran. Wie hat sich dieser Markt entwickelt? Indikatoren sind Branche und Nachfrage. Entsprechende Zahlen sind allerdings gerade im Trainingsbereich schwer zu recherchieren. Einige Recherchetipps erhalten Sie am Ende des Kapitels.
- **den Wettbewerb:** Wo sitzen Ihre Konkurrenten und was machen Sie weniger gut, als Sie es vorhaben? Gute Wettbewerbsanalysen sind konkret und vergleichen alles, was vergleichbar ist: Angebot, Preise, Praxiserfahrung etc. Erstellen Sie eine Tabelle, die die für Sie relevanten Faktoren aufführt.
- **den Vertrieb:** Wie bekommen Sie Ihre Dienstleistung an den Mann oder die Frau? Fast immer müssen Sie sich auf Akquise und vorhandene Kontakte stützen, da Werbung und auch Mailingaktionen

bei erklärungsbedürftigen Dienstleistungen – und das ist Beratung ebenso wie Training und Coaching – zumeist wenig bringen.
- **das Marketing:** Wie machen Sie Ihr Produkt bekannt? Mit welchen Medien, auf welchen Veranstaltungen? Denken Sie hier an Public Relations und den Aufbau eines Expertenstatus sowie eines Empfehlungsnetzwerkes.
- **die Preiskalkulation:** Wie bilden Sie Ihre Preise? Berücksichtigen Sie alle drei möglichen Verfahren: nach Kosten, nach Wettbewerb und nach dem subjektiven Kundennutzen. Letzterer ist am schwersten erfahrbar und setzt eine Befragung in der Kundengruppe voraus.
- **die Chancen und Risiken:** Die SWOT-Analyse (Stärken/Strengths, Schwächen/Weaknesses, Chancen/Opportunities, Risiken/Threads) ist ein üblicher Bestandteil professioneller Business-Pläne. Fertigen Sie auch hier am besten eine Tabelle an und analysieren Sie die einzelnen Punkte. Im Zusammenhang mit Risiken denken Sie an Gesetzesänderungen, konjunkturelle Schwankungen, politische Entscheidungen und Faktoren wie ein sich möglicherweise ändernder Kundengeschmack oder den demografischen Wandel.

Beispiel für eine SWOT-Analyse: »Agent für Trainer und Berater«

Stärken	Schwächen	Chancen	Risiken
Es gibt derzeit Agenten im Schauspielbereich, aber nicht für Trainer. Vermittlungsdienste gehen selten auf den einzelnen Trainer ein.	Die Zielgruppe ist zwar oft zahlungskräftig, hält aber ihr Geld auch genauso gern zusammen.	Ein neues Produkt im Markt für Trainingsdienstleistungen zu initiieren, der Erste sein	Mein Markttest hat zwar ergeben, dass viele bekannte Trainer 20 Prozent Ihrer Einnahmen für Vermittlung bezahlen würden, aber ob dies auch in der Praxis so sein wird? Wie ist die Akzeptanz bei den Personalabteilungen?

Der Finanzteil des Business-Plans

Der Finanzteil eines Business-Plans umfasst die bereits erwähnte Umsatz- und Rentabilitätsvorschau, aus der zu entnehmen ist, wie sich Ihre Umsätze im Vergleich zu den Kosten entwickeln und wann der Gewinnpunkt (Break-even-Point) erreicht ist. Wichtiger Bestandteil ist darüber hinaus die Liquiditätsvorschau, die errechnet, wie viel Geld Sie in jedem Monat zur Verfügung haben. Einen Kapitalbedarfsplan (auch Finanzplan genannt) brauchen Sie im Trainingsbereich oft nicht, da Sie keinen Kapitalbedarf haben – eher schon einen Investitionsplan, dem zu entnehmen ist, über wie viel Geld Sie einmalig verfügen müssen, um mit Ihrem Geschäft beginnen zu können.

Der Break-even-Point

Die Umsatz- und Rentabilitätsvorschau setzt eine genaue Beschäftigung mit Ihren Betriebsausgaben voraus. Ein Teil ist bereits in den Investitionsplan geflossen. Hinzu kommen wiederkehrende Kosten wie Miete.

Umsatz- und Rentabilitätsvorschau

Doch viel schwerer, als den Überblick über die Kosten zu bekommen, ist das Kalkulieren von Einnahmen. Wie viel können Sie im ersten, zweiten, dritten Monat einnehmen? Rechnen Sie dies für jeden Monat innerhalb von drei Jahren aus. Berücksichtigen Sie umsatzwirksame Tage, aber auch Tage, die Sie für Buchhaltung und Akquise benötigen. Am Anfang werden Sie zu 80 bis 100 Prozent mit dem Aufbau des Unternehmens beschäftigt sein und vielleicht sogar mehrere Monate gar nichts einnehmen.

Einnahmen kalkulieren

Die monatsgenaue Rechnung zwingt Sie zum tagesgenauen Hinsehen und dazu, sich Flautezeiten wie die Ferien vor Augen zu führen. Belassen Sie es auch deshalb nicht bei einer groben Jahresplanung, die dazu verführt, sehr ungenaue Berechnungen durchzuführen.

Einige Leitfragen für die Kalkulation von Einnahmen sind:

- Welche Preise können Sie am Markt durchsetzen?
- Wie lange dauert es, bis ein erster Auftrag kommt?
- Wie lange akquirieren Sie für einen Vertragsabschluss?
- Wie hat sich der Verdienst von älteren Wettbewerbern entwickelt? Eventuell anonym recherchieren!
- Welche Rolle spielt die Urlaubs- und Weihnachtszeit?
- Welche Rolle spielen eigene Ausfallzeiten?

Auf der CD finden Sie eine beispielhafte Rentabilitätsvorschau als Excel-Vorlage sowie einen Investitionsplan und einen Liquiditätsplan.

Beispiel: Umsatz- und Rentabilitätsvorschau (über drei Monate)

Umsatz- und Rentabilitätsvorschau	01-2007	02-2007	03-2007
Einnahmen (aus Training, Beratung, Coaching)			
Betriebliche Ausgaben (Auto, Miete, Betriebshaftpflicht etc.)			
Abschreibungen (Alle Investitionen, die über 410 Euro kosten, schreiben Sie in mehreren Jahresraten ab. Alle, die unter 410 Euro kosten, werden sofort abgeschrieben.)			
= Gewinn / Verlust			

Gründungsförderung

Seit Juli 2006 gibt es eine neue Gründungsförderung, die Ich-AG und Überbrückungsgeld in der alten Form ablöst. Gezahlt werden sechs Monate 300 Euro zusätzlich zum Arbeitslosengeld. Dieser Zeitraum kann nach einer erneuten Prüfung eventuell durch die Arbeitsagentur oder einen fachkundigen Berater um weitere drei Monate verlängert werden. Die 300 Euro dienen dabei zur Finanzierung der Sozialbeiträge – also Krankenversicherung und Pflegeversicherung. Durch den Bezug der Gründungsförderung wird keine Rentenversicherungspflicht begründet, diese kann für Trainer allerdings unabhängig davon trotzdem bestehen.

Die Gründungsförderung ist zur Bestreitung des Lebensunterhalts und der Sozialabgaben bestimmt. Kein Problem also, wenn zwei Gründer sich selbstständig machen und jeder 50 Prozent Anteil am Unternehmen hat. Dann bekommt derjenige mit dem Anspruch das Geld – und wenn beide Anspruch haben, auch beide.

Lebensunterhalt und Sozialabgaben bestreiten

Ihre Krankenkasse müssen Sie als Bezieher von Gründungsförderung selbst bezahlen. Liegen Ihre geschätzten Einkünfte – inklusive Überbrückungsgeld – unter 1830 Euro im Monat, erhalten Sie den günstigsten Krankenkassensatz als freiwillig Versicherter bei Ihrer gesetzlichen Kasse, der je nach Kasse um 260 Euro teuer ist. Liegen Sie mit dem Überbrückungsgeld allein schon über diesem Satz, will die Kasse mehr Geld haben, bis rund 500 Euro an der Spitze. Dies gilt für viele Krankenkassen selbst dann, wenn Sie viel investieren und Ihr Gewinn über das Jahr gerechnet sehr viel niedriger liegt als 1830 Euro im Monat. Erst mit dem Steuerbescheid können Sie zu viel gezahltes Geld zurückerhalten.

Krankenkassenbeitrag selbst übernehmen

	Gründungsförderung	Einstiegsgeld
Wie viel?	Arbeitslosengeld + 300 Euro, sechs Monate zzgl. Option auf drei weitere Monate nach erneuter Prüfung	Bis zu 172 Euro, theoretisch zwei Jahre, praktisch sechs Monate
Was ist bei Einstieg in ein bestehendes Unternehmen?	Dieser Einstieg kann ebenfalls gefördert werden, sofern Sie 50 Prozent Anteil haben.	Theoretisch möglich
Kann oder muss die Arbeitsagentur / ARGE bewilligen?	Muss	Kann
Zuständig	Örtliche Arbeitsagentur	ARGE

Antrag	Unternehmens-konzept	Oft reicht einfache handschriftliche Begründung, theoretisch ebenfalls Unternehmenskonzept.
Steuern	Überbrückungsgeld ist nicht steuerlich wirksam.	Geld ist nicht steuerlich wirksam.
Gewinngrenze	Nein	Bis zu einem Einkommen von 1500 Euro dürfen Sie 15 Prozent von Ihrem Gewinn behalten. Im Intervall zwischen 400 und 900 Euro gilt ein erhöhter Satz von 30 Prozent. Den Rest müssen Sie abgeben.

Beratungsförderung

ESF-Geld Als Berater wissen Sie sicher: Wer gut beraten worden ist, gründet erfolgreicher. Bei Gründung aus der Arbeitslosigkeit heraus stellt die Arbeitsagentur bis zu 1500 Euro aus dem Europäischen Sozialfonds – das so genannte ESF-Geld oder Coachinggeld – zur Verfügung. Die Höhe ist von Bundesagentur zu Bundesagentur und von Kreis zu Stadt verschieden, liegt meist aber weit unter diesen 1500 Euro. Sie ändert sich mitunter innerhalb eines Jahres. Es kann auch sein, dass eine Arbeitsagentur gar kein Geld bezahlt.

Bafa-Fördertopf Ein weiterer Fördertopf steht beim Bundesamt für Außenwirtschaft (Bafa). Dort können Existenzgründer, aber auch gestandene Unternehmen Gelder als Zuschuss zur Beratung beantragen. Dieser beträgt bei Gründern 50 und bei »älteren« Unternehmern 40 Prozent der Beratungssumme bis zu einem Höchstsatz von 1500 Euro. Ihr Berater muss dazu bei der Bafa gelistet sein. Außerdem müssen sehr umfangreiche Gutachten erstellt werden. Weiteres Problem: Berater werden nicht durch Beratung gefördert.

Die Wahl der Organisations- und Rechtsform

Kennen Sie einen Trainerkollegen, der innerhalb einer Gesellschaft arbeitet? Sicher fallen Ihnen nicht sehr viele ein. Der Trainerberuf ist ein einsames Geschäft: Es gibt nur sehr wenige Trainer, die offiziell eine GbR, GmbH oder sogar AG gegründet haben. Die meisten arbeiten allein oder nutzen Synergien in einem Netzwerk, oft ohne zu wissen oder wahrhaben zu wollen, dass Sie damit bereits eine Gesellschaft – die GbR – gegründet haben. Bei den Unternehmensberatern existieren schon mehr »Gemeinschaftsberatungspraxen«, und wenn sich zwei oder drei Coachs zusammentun, dann ist das Angebot gleich spezifischer und weniger personenorientiert – was ein Vorteil sein kann, weil sich so ein größerer Markt erschließen lässt.

GbR »wider Willen«

Sehr häufig sind sowohl bei Trainern als auch bei Beratern und Coachs lockere Zusammenschlüsse und Bürogemeinschaften. Weniger verbreitet ist dagegen das Wissen um die Konsequenzen dieses meist informellen Zusammenschließens, entsteht doch bei der Verfolgung gemeinsamer Geschäftszwecke stets eine GbR – und damit eine Gesellschaft »wider Willen«. Aus diesem Grund wird in diesem Ratgeber vor allem die GbR sehr ausführlich beschrieben. Wir starten jedoch mit einer Frage, die letztendlich vor der Wahl einer Rechtsform steht: die nach der steuerrechtlichen Behandlung als Freiberufler oder Gewerbetreibender.

Die Gretchenfrage: Freiberufler oder Gewerbetreibender?

Strittige Frage

Früher einmal war es ganz einfach: Die Angehörigen der freien Berufe waren Akademiker, Rechtsanwälte oder Ingenieure, die Gewerbetreibenden Handwerker oder Händler. Die einen erbrachten geistige Arbeit, die anderen arbeiteten oder handelten. Dann jedoch begannen sich neue Berufe zu bilden. Und die alten Trennlinien allein reichten nicht mehr zur Unterscheidung. Zwar existiert ein Katalog mit freien Berufen, doch finden sich hier weder Coachs noch Trainer oder Berater. Also muss mit dem Argument der Ähnlichkeit gearbeitet werden: Wenn die Berufe schon nicht niedergeschrieben sind, kann man sie wenigstens mit den dort aufgeführten Berufen vergleichen? Ist ein Trainer nicht auch ein »freier Lehrer«? Ja, sagen die Finanzämter und Gerichte. Doch nicht immer ist dies so eindeutig wie hier. Aber warum überhaupt über diese Frage nachdenken? Ganz einfach: Davon hängen eine Menge Geld und eine Menge zusätzlichen Aufwands ab.

Da ist zunächst einmal die Frage, ob Sie Gewerbesteuer zahlen müssen oder nicht.

Hohe Gewerbesteuersätze

Interessant ist dies besonders für alle diejenigen, die mehr als 24 500 Euro Gewinn erzielen (darunter besteht Gewerbesteuerfreiheit) und in Großstädten arbeiten – denn dort sind die Gewerbesteuersätze, die die Kommunen festlegen, am höchsten. Darüber hinaus entscheidet sich anhand dieser Fragestellung, ob Sie eine Einnahmen-Überschuss-Rechnung erstellen dürfen oder ob die sehr viel aufwendigere und damit teurere Bilanzierung notwendig ist. Und die Antwort entscheidet auch darüber, ob Sie sich als Einzelperson über eine Gesellschaftsform, die Zwangsmitgliedschaft in der Industrie- und Handelskammer oder den Eintrag ins Handelsregister Gedanken machen müssen.

Für Planungssicherheit sorgen

Nur wenn Sie genau wissen, was Sie sind, haben Sie eine Planungssicherheit, denn die Anerkennung als Freiberufler geschieht durch das Finanzamt und kann sieben Jahre rückwirkend korrigiert werden, sofern Sie keine verbindliche Auskunft einfordern. Sie könnten also viele Jahre als Freiberufler durchgehen, um dann doch als Gewerbetreibender »ertappt« zu werden und nachträglich Gewerbesteuern zu zahlen.

Beraterstatus klären

Während Trainer klar als »freie Lehrer« eingestuft werden können, streiten sich die Experten über die Berater. Sofern diese eine akademische Ausbildung besitzen oder als Ingenieur tätig sind, stehen die Chancen für die Anerkennung als Freiberufler exzellent, denn dann sind sie vergleichbar mit »beratenden Betriebswirten«. Wichtig ist aber, dass Sie dies auch durch Ihren Auftritt nach außen unterstreichen, etwa durch Bezeichnungen wie »Beratung und Training« oder »Coaching und Consulting«. Schreiben Sie beispielsweise bitte nicht »EDV-Beratung & Service« auf Ihr Geschäftspapier, denn das »Service« löst bei den Finanzämtern »gewerbliche« Assoziationen aus.

> **TIPP**
>
> **Finanzamt um verbindliche Auskunft bitten**
>
> Falls Sie unsicher sind, ob Sie die Voraussetzungen für die Anerkennung als Freiberufler mitbringen, bitten Sie Ihr Finanzamt um verbindliche Auskunft, die nicht mehr rückwirkend geändert werden kann. Setzen Sie sich vorher mit einem Experten zusammen, denn die Auskunft hängt auch davon ab, wie Sie Ihre Tätigkeit darstellen.

Auch wenn Sie eine Gesellschaft gründen, müssen Sie sich für eine freiberufliche oder gewerbliche Behandlung entscheiden. Die gewerbliche Tätigkeit eines Gründers kann auf alle anderen abfärben. Deshalb sollte auch bei allen ein Bewusstsein dafür geschaffen werden – und in Zweifelsfällen getrennt werden. Alternative: Der gemeinsame Geschäftszweck wird im Gesellschaftsvertrag so definiert werden, dass gewerbliche Tätigkeiten – etwa die Verlagsgründung oder der Verkauf von Trainerliteratur – eines Gründers ausgeschlossen sind.

Gewerbliche Tätigkeit

Die Frage, ob Sie Freiberufler oder Gewerbetreibender sind, bleibt auch dann interessant, wenn Sie sich zu mehreren als ein Unternehmen zusammenschließen. Denn Freiberuflichkeit bleibt in bestimmten Gesellschaftsformen erhalten: in der Gesellschaft bürgerlichen Rechts (GbR) oder der Partnergesellschaft. Eine GmbH oder Limited wird dagegen automatisch gewerblich und kann nicht freiberuflich sein.

Trainer-Netzwerke

Trainer lieben das Einzelkämpferdasein – und informelle Zusammenschlüsse. Da treten dann auf einer Website unter einem Namen und Dach mehrere selbstständige Unternehmer auf, um sich auf diese Art und Weise besser zu vermarkten. Was aus Marketingsicht sinnvoll ist, hat seine Tücken in der formalen Ausgestaltung. Denn wer gemeinsam auftritt und der Außenwelt Zusammengehörigkeit signalisiert, ist kein Einzelkämpfer mehr. Er hat, vielleicht ohne es zu wissen und zu wollen, eine GbR gegründet. Völlig gleich dabei ist, ob sie alle von zu Hause arbeiten und eigene Rechnungen schreiben. Entscheidend ist, welcher Eindruck nach außen entsteht. Und wenn Sie unter »4Trainer« einen Auftrag bei einem Konzern akquirieren, dann denkt dieser Konzern, Sie seien eine Gesellschaft – und erst recht das Finanzamt. Auch, wenn Sie ihm gegenüber

Netzwerk-Tücken

so tun, als seien Sie eine Einzelperson. Kann sein, dass es dies wider besseres Wissen Jahre lang »schluckt« – eine Betriebsprüfung könnte aber die »Wahrheit« aufdecken. De facto hätten Sie dann – vielleicht über Jahre – falsche Rechnungen ausgestellt und erhalten. Ein strenger Prüfer könnte Ihnen deswegen alle Vorsteuerabzüge der letzten Jahre aberkennen – und Sie müssten Tausende nachzahlen. Auch Ihre Verträge wären ungültig. Gar nicht zu denken an das Thema der gegenseitigen Haftung. Plötzlich würden Sie vom Vermieter des Netzwerkpartner XY für dessen Mietschulden belangt werden oder müssten seinen Kredit bezahlen, den er aufgenommen hat, um ein Buch zu drucken! Genug Schreckensszenario? Die Botschaft ist hoffentlich angekommen:

Denken Sie frühzeitig über die Gründung einer Gesellschaft nach und stolpern Sie nicht einfach hinein!

Checkliste: Sind Sie Freiberufler oder nicht?

- Sind Sie von Haus aus kein Psychologe, Betriebswirt, Ingenieur oder Journalist oder haben Sie keine andere akademische Ausbildung?
- Sind Sie nicht als Trainer tätig?
- Üben Sie Tätigkeiten aus, die nichts mit geistiger Arbeit zu tun haben?
- Vermitteln Sie?
- Erhalten Sie Provisionen?
- Verkaufen Sie in Ihren Seminaren – vertreiben Sie etwa Bücher oder Dinge?
- Arbeiten Sie eng mit Personen zusammen, die handeln, makeln oder handwerklich tätig sind?
- Sind Sie auch als Handelsvertreter tätig?

Vorsicht, wenn Sie eine dieser Fragen mit »Ja« beantworten mussten, dann liegt eine gewerbliche Tätigkeit nahe. Gegebenfalls müssen Sie Ihre freiberufliche von der gewerblichen trennen.

Und: Unter einer selbstständigen Tätigkeit versteht das Finanzamt – anders als der Volksmund – übrigens stets eine freiberufliche.

Ausübung mehrerer Tätigkeiten

Schwierig wird es überall dort, wo Sie mehrere Tätigkeiten ausüben. Wenn eine dieser Tätigkeiten im gewerblichen Bereich liegt, so kann diese die anderen infizieren und die gesamte Tätigkeit gewerblich werden lassen. Dies ist etwa der Fall, wenn Sie als Makler von Trainingsdienstleistungen auftreten und Provisionen oder Vermittlungsgebühren verdienen. Auch der Verkauf von Büchern oder Unterlagen ist gewerblich. Möchten Sie ein Buch herausbringen und einen Verlag gründen, so ist auch dies gewerblich. Für Ihre gewerbliche Tätigkeit sollten Sie ein Gewerbe anmelden und einen so genannten »Gewerbeschein« beim Gewerbeamt – Teil des Ordnungsamtes – beantragen. Dieser kostet Sie etwa 20 Euro. Kurz darauf wird Sie das Finanzamt kontaktieren und Ihre Einnahmen aus »Gewerbebetrieb« erfassen. Hier geht es dann nur um die gewerblichen Tätigkeiten. Sie müssen Ihre Tätigkeiten also steuerlich trennen.

Notwendigkeit eines Gewerbescheins prüfen

Legen Sie zwei Ordner an: In dem einen bewahren Sie die Ein- und Ausgaben Ihrer gewerblichen, in dem anderen die Ein- und Ausgaben Ihrer freiberuflichen Tätigkeit auf. Und Ihr Steuerberater muss für jede Tätigkeit eine eigene Gewinnermittlung aufstellen. Das kostet zwar etwas mehr, schützt Sie aber letztendlich vor der Infizierung Ihrer freiberuflichen Tätigkeit.

Scheinselbstständig oder nicht?

Viele Arbeitgeber versuchen ihre Kosten zu drücken, indem sie freie Mitarbeiter einstellen, die wie Angestellte arbeiten. Sie erhalten Weisungen, arbeiten vor Ort, haben vielleicht sogar einen Schreibtisch. Noch schwerer wiegt die Abhängigkeit, wenn diese freien Mitarbeiter nur einen Auftraggeber haben. Der Staat möchte diese Mitarbeiter schützen, wenn er sie als scheinselbstständig erkennt. Außerdem will er seine leeren Kassen mit Sozialbeiträgen füllen. So kann es sein, dass ein freier Mitarbeiter im Nachhinein als »versteckter« Angestellter entdeckt wird und der Arbeitgeber für mehrere Jahre Sozialbeiträge nachzahlen muss.

Status unbedingt klären

Hinzu kommt, dass auch ohne Arbeitsvertrag in so einer Situation Kündigungsschutz besteht. Das macht die Scheinselbstständigkeit für freie Mitarbeiter attraktiv, die nach Jahren des Engagements den einzigen oder hauptsächlichen Auftraggeber verlieren. Warum sich dann nicht selbst als Scheinselbstständiger bei der Deutschen Versicherungsanstalt Bund »anzeigen« und so den Rausschmiss verhindern? Sowohl Gewerbetreibende

Definition der Scheinselbstständigkeit

als auch Freiberufler können scheinselbstständig sein, der steuerliche Status hat nichts damit zu tun.

Doch wo fängt Scheinselbstständigkeit an? Üblicherweise wird die Grenze in Prozent angegeben:

GmbH schützt vor Scheinselbstständigkeit

Wenn Sie mehr als 83 Prozent Ihres Umsatzes bei einem Auftraggeber erzielen, sind Sie scheinselbstständig.

Was aber tun, wenn es um Projektarbeit geht? In manchen Branchen ist die zeitweise Mitarbeit in einem Projekt an der Tagesordnung. So sind Berater im IT-Bereich sehr häufig gleich über Monate und manchmal Jahre in einem einzigen Projekt aktiv. Unkritisch ist dabei ein Zeitraum von bis zu zwölf Monaten. Wer danach immer noch für den gleichen Auftraggeber tätig ist, könnte ein Problem bekommen – wenn er keine GmbH hat. Diese Gesellschaftsform schützt, anders als die GbR, vor Scheinselbstständigkeit. Dies ist auch der Grund, warum viele Unternehmen sehr gerne Ein-Mann-GmbHs beschäftigen.

Checkliste: Sind Sie scheinselbstständig?

- Arbeiten Sie länger als zwölf Monate mehr als 83 Prozent nur für einen Auftraggeber?
- Sind Sie Freiberufler oder Einzelunternehmer und haben Sie keine GmbH mit einem sozialversicherungspflichtigen Angestellten?
- Arbeiten Sie vor Ort bei Ihrem Auftraggeber?
- Erteilt Ihnen Ihr Auftraggeber Weisungen?
- Haben Sie einen eigenen Arbeitsplatz beim Auftraggeber?
- Haben Sie keine sozialversicherungspflichtigen Mitarbeiter?

Wenn Sie eine oder mehrere Fragen mit »Ja« beantwortet haben, ist es wahrscheinlich, dass Sie scheinselbstständig sind. Dies löst Rentenversicherungspflicht aus, bis zu fünf Jahre im Nachhinein. Auch wenn hier der Auftraggeber – der eigentlich Arbeitgeber ist – mit betroffen ist (also die Hälfte der Beiträge zahlen müsste), sollten Sie dies vermeiden. Schließlich müssen auch Sie den eigenen Anteil in der Rentenversicherung nachbezahlen, der insgesamt bis zu 57 090 Euro betragen kann, wenn Sie fünf Jahre am Spitzensatz verdient haben. Ihr eigener Anteil liegt damit bei rund 28 000 Euro.

Auf der Website der ehemaligen BfA, die heutige Deutschen Rentenversicherung Bund, können Sie sich ein Formular zum »Statusfeststellungsverfahren« downloaden. Wenn Sie dieses mit Ihren Antworten einreichen, muss Ihnen die DRB die Rentenversicherungspflicht nachweisen. Dies sollten Sie natürlich nicht tun, wenn Sie keine Beiträge zahlen möchten …

Formular zum »Statusfeststellungsverfahren«

Neben der Selbstständigkeit gibt es auch die arbeitnehmerähnliche Selbstständigkeit. Diese liegt vor, wenn Sie entweder auf Dauer mehr als fünf Sechstel des Einkommens aus einer Quelle (83 Prozent) beziehen oder aber keine sozialversicherungspflichtigen Mitarbeiter beschäftigen. Sehr häufig ist dies im IT-Bereich gegeben, aber auch in den Medienberufen und bei einigen Weiterbildungsinstituten.

Arbeitnehmerähnliche Selbstständigkeit

»Auf Dauer« bedeutet hier mehr als ein Jahr. Allerdings besteht nach der Gründung eine Befreiungsmöglichkeit für drei Jahre. Da Sie im Anschluss daran wiederum zwölf Monate für einen Auftraggeber tätig werden können, sind Sie de facto maximal vier Jahre außen vor. Der Antrag muss bei der ehemaligen DVB eingereicht werden, die damit allerdings auch auf Sie aufmerksam wird. Nach vier Jahren müssen Sie sich also eine andere Lösung einfallen lassen, am besten, Sie stellen einen Mitarbeiter ein.

Art der Tätigkeit	Freiberuflich	Gewerbetreibend
Training	✓	
Dozent	✓	
Unternehmensberatung mit akademischer Ausbildung	✓	
Unternehmensberatung ohne akademische Ausbildung	(✓) Bei entsprechender Praxis möglich	✓ (Vor allem, wenn neben Beratung etwa auch Service angeboten wird)
Coaching	✓	
Autorentätigkeit	✓	

Schreiben von Fachartikeln	✓	
Projektleitung	✓	
IT-Beratung	Umstritten	Umstritten (verbindliche Auskunft vom Finanzamt einholen!)
Customizing (Anpassen von Software)	✓	
Entwicklung von Software	Umstritten	Umstritten (verbindliche Auskunft vom Finanzamt einholen!)
Verkauf von Waren		✓
Vermittlung (von Trainern etc.)		✓
Veranstaltung von Trainings, ohne selbst Trainer zu sein		✓
An Provisionen verdienen		✓

Gemeinsam gründen

Vorteile der gemeinsamen Gründung

Mit doppelter oder sogar dreifacher Power akquirieren sich Aufträge leichter – zumal dann, wenn sich Kompetenzen ergänzen. Auch größere Vorhaben lassen sich leichter realisieren. Nicht zuletzt wirkt eine Gesellschaft auch gegenüber potenziellen Auftraggebern anders – ihr wird mehr zugetraut als einer »One-Man-Show«. Vor allem, wenn Sie sich für eine GmbH entscheiden, löst dies automatisch Assoziationen an eine gewisse Größe aus.

Klären Sie zunächst, in welcher Form und zu welchem Zweck Sie sich Gemeinsamkeit wünschen, um dann den geeigneten Rahmen zu finden. Klären Sie wichtige Fragen (siehe Checkliste), bevor Sie über die Gesellschaftsform nachdenken. Jeder Gründer sollte diese Fragen für sich beantworten. Besprechen Sie sie dann in gemeinsamen Sitzungen. Ideal ist es, wenn diese Sitzungen von einem Moderator gesteuert werden. So kann vermieden werden, dass dominante Charaktere die zurückhaltenden »überrollen«.

Checkliste für Teamgründer

Rahmen

- Was will ich mit dem Team erreichen?
- Möchte ich dauerhaft im Team arbeiten oder geht es mir nur um die Realisierung von Projekten?
- Was ist meine Vision?
- Wie möchte ich meine bisherige Arbeit integrieren?
- Wie möchte ich meine bisherige Arbeit heraushalten?
- Welche Rolle wünsche ich mir in einem Team?
- Wie viel Zeit möchte ich für den Aufbau des Geschäfts einsetzen?
- Arbeiten alle von zu Hause oder von einem gemeinsamen Büro aus? Ist das Büro, wenn nicht für jetzt, eine Perspektive für später?
- Ist die Familie damit einverstanden, dass eine Gesellschaft gegründet wird (bei Personengesellschaft verbunden mit der Konsequenz der gesamtschuldnerischen Haftung)?

Finanzen

- Welchen gemeinsamen Umsatz strebe ich an?
- Wie hoch muss der Gewinn ausfallen?
- Sollten alle Gesellschafter gleich viele Anteile haben?
- Wie viel Geld bringe ich am Anfang mit ein?
- Sollten alle die gleiche Summe einbringen?

Prozesse

- Wie sollten Entscheidungen im Team gefällt werden?
- Wie sollten mit der Gründung verbundene Aufgaben wie Buchhaltung verteilt werden?
- Wie sollten Konflikte im Team verhindert werden? (regelmäßige Besprechungen, Supervision)
- Auf welche Art und Weise einigen sich die Partner über zentrale Themen wie Preisgestaltung, Angebotserstellung, Strategien etc.?

Außenauftritt

- Als was sollen Auftraggeber das Team wahrnehmen?
- Soll es eine gemeinsame Corporate Identity geben?
- Soll es einen gemeinsamen Namen geben?
- Welche Rolle spielen die eigenen Namen in diesem Kontext?
- Wollen Sie parallel zur Gesellschaft auch allein auftreten? Als was stellen Sie sich dann dar? Wo ist die Trennlinie?

Überblick verschaffen

Wenn Sie die Checkliste durchgegangen sind, hat es sich vielleicht bereits herauskristallisiert: Geht es um eine lockere Kooperation, eine Bürogemeinschaft oder eine richtige Gesellschaft? Wollen Sie projektorientiert zusammenarbeiten oder permanent? Folgende Tabelle gibt Ihnen einen Überblick, was wann infrage kommt:

Art der Zusammenarbeit	Gesellschaftsformen, die infrage kommen	Wann? Vorteile?	Risiken
Bürogemeinschaft	GbR – als Innen-GbR ohne gemeinsamen Außenauftritt, wenn Sie keine gemeinsamen Geschäftszwecke verfolgen	Nutzen von Synergien, Sie können sich Kosten teilen	Vorsicht, wenn Sie Projekte gemeinsam bearbeiten, ohne einen Gesellschaftervertrag geschlossen zu haben
Beratungsunternehmen, Trainingsunternehmen, Weiterbildungsunternehmen	GbR	Schnell und einfach zu gründen	Gesamtschuldnerische Haftung
	Partnergesellschaft	Sofern es sich nur um Freiberufler, zum Beispiel beratende Ingeniere handelt	–
	GmbH	Lohnt sich erst bei einem hohen Umsatz, zur Deckung hoher Risiken oder wenn die Kunden Konzerne sind	–
	Limited	Kein Stammkapital und laufende Kosten sowie Bilanzierungspflicht, nichts für Freiberufler	Nebenkosten werden unterschätzt
	AG	Bei großen Plänen	–

Trainergemeinschaft	GbR	Wenn dauerhaft zusammengearbeitet werden soll
	ARGE	Wenn nur projektorientiert zusammengearbeitet werden soll
	Partnergesellschaft	Wenn alle Freiberufler sind

Die ungewollte GbR

Häufigste Gesellschaftsform

Die häufigste Gesellschaftsform für Trainer ist die GbR. Allerdings sind geschätzte 90 Prozent davon nicht offiziell als solche tätig. Lieber werden Rechnungen hin- und hergeschrieben. Sehr selten tragen Trainer auch die Konsequenzen ihrer Zusammenarbeit: Sie schreiben also keine gemeinsamen Rechnungen und ermitteln auch ihren Gewinn nicht gemeinsam.

Spätfolgen

Aber: Die Gesellschaft bürgerlichen Rechts gründet sich auch ohne Formalien, selbst wenn Sie dies nicht wollten. Es genügt, einen gemeinsamen geschäftlichen Zweck zu verfolgen. Dabei ist es völlig gleich, ob Sie jeweils von eigenen Räumen aus agieren. Gemeinsame Büroräume sind kein Merkmal einer Gesellschaft!

Viele Trainer, die glauben, bei der Akquise einfach nur Synergien zu nutzen, sind GbRs – was mitunter nie oder verspätet bei einer Betriebsprüfung auffällt. Möglich, dass einer der Partner Schulden nicht bezahlen kann, was die Gläubiger auf die Idee bringt, doch mal bei den anderen nachzuschauen … Dies kann viele Jahre später geschehen, wenn Sie längst nichts mehr mit dem ehemaligen Partner, der rechtlich betrachtet Ihr Mitgesellschafter war, zu tun haben.

Auch die zum Teil gewerbliche Tätigkeit eines Partners kann im Nachhinein Gewerbesteuerzahlungen für alle (!) nach sich ziehen. Und nicht zuletzt könnten die Rechnungen und daraus abgeleitete Vorsteuerabzüge ihre Gültigkeit verlieren.

Die nicht gewollte GbR kann unangenehme Konsequenzen haben. Also lieber dreimal darüber nachdenken, ob Sie nicht doch offiziell als GbR an den Start gehen wollen.

Die gewollte GbR

Die gewollte GbR ist bei Freiberuflern leicht zu gründen und unterliegt wenigen Beschränkungen. Nachteil ist die gegenseitige gesamtschuldnerische Haftung, die aber auch bei der nicht gewollten GbR gegeben ist. Das heißt: Fehlt Geld, so muss jeder von Ihnen für den anderen mit seinem gesamten Vermögen einstehen. Eine Haftungsbegrenzung gibt es nicht.

Wenige Beschränkungen

Es empfiehlt sich also, sich zusammenzusetzen und über Ihre Ziele und die Aufgabenverteilung zu diskutieren, bevor Sie sich auf eine solche Kooperation einlassen. Sie sollten zudem unbedingt einen Gesellschaftervertrag erstellen. Tun Sie das nicht, gilt das Bürgerliche Gesetzbuch. In dem Gesellschaftervertrag sollten Sie beispielsweise festlegen, mit welcher Mehrheit Entscheidungen getroffen werden können oder wer als geschäftsführender Gesellschafter öffentlich Verträge abschließen darf (was Verträge, die nicht geschäftsführende Gesellschafter abschließen, keineswegs ungültig macht!).

Gesellschaftervertrag erstellen

Meist wird Ihre GbR eine freiberufliche GbR sein. Dies bedeutet, dass sie auch bei höheren Gewinnen (mehr als 30 000 Euro) oder Umsätzen (mehr als 350 000 Euro) eine GbR bleiben darf. Eine gewerbliche GbR würde dann automatisch zur OHG werden, wodurch plötzlich das in Bezug auf die Geschäftsabwicklung sehr viel strengere Handelsgesetzbuch gelten würde. Dies ist ein Grund, warum Sie unbedingt darauf achten sollten, dass alle Gesellschafter keine gewerblichen Anteile in ihrer Tätigkeit haben, die bei fehlender steuerrechtlicher Trennung die gesamte GbR »infizieren« könnten.

Übergang zur OHG

Arbeitsgemeinschaft ARGE

Die ARGE ist vor allem aus der Baubranche bekannt. Es ist eine Form der GbR, mit dem großen Vorteil, dass ihr Bestehen auf einen einzigen Auftrag begrenzt ist. Übertragbar ist der Gedanke auch auf den Beratungs-, Trainings- und Coachingbereich: Warum keine ARGE für die Durchführung einer Veranstaltung, einer Ausbildung oder eines größeren Auftrags gründen?

Form der GbR

Die Verpflichtung zur einheitlichen und gesonderten Gewinnfeststellung – wie sie bei der GbR besteht – entfällt. Die Mitglieder dürfen sich also weiterhin als Einzelkämpfer fühlen und verhalten und eine eigene Gewinnermittlung beim Finanzamt einreichen.

Einnahmen und Ausgaben werden anteilig den an der ARGE Beteiligten zugerechnet. Auch die Umsatzsteuer führen die Beteiligten entsprechend ihrem Anteil ab. Auch für die ARGE ist ein Gesellschaftsvertrag wichtige Voraussetzung, denn nur so können Sie durch die schriftliche Definition des begrenzten Geschäftszwecks festhalten, dass der Zusammenschluss nur zeitbegrenzt erfolgt und die Gründung nicht auf Dauer angelegt ist.

Im Innenverhältnis von Umsatzsteuer befreit

Im Innenverhältnis ist die ARGE übrigens von der Umsatzsteuer befreit. Das heißt, dass Rechnungen, die sich die ARGE-Gesellschafter gegenseitig stellen, keinen Mehrwertsteuerausweis benötigen. Wenn Sie einem Mitgesellschafter einen Auftrag erteilen, so müssen Sie hier also keine Umsatzsteuer aufschlagen. Beispiel: Sie bieten eine Ausbildung zum Existenzgründungsberater an und beauftragen einen der ARGE-Gesellschafter mit der Skripterstellung, was dieser dann mit 0 Prozent Umsatzsteuer in Rechnung stellen kann.

Die GbR und die Steuern

Freiberufliche und gewerbliche GbR

Die GbR ist eine Personengesellschaft und zahlt als Unternehmenssteuer nur Umsatzsteuern, sofern sie eindeutig freiberuflich ist (die Kleinunternehmerregelung würde hier kaum Sinn machen). Den Gewinn versteuert jeder der Partner allein. Gewerbliche GbRs müssen vorab noch die Gewerbesteuer zahlen.

Als GbR geben Sie dem Finanzamt eine gemeinsame Gewinnermittlung ab. Sie müssen also alle Einnahmen und Ausgaben der GbR protokollieren und brauchen dazu eine saubere und lückenlose Buchhaltung.

Der jeweilige Gewinnanteil findet sich in der Einkommensteuererklärung der jeweiligen Gesellschafter wieder. Hat ein Gesellschafter also 50 Prozent des Gewinns von 50 000 Euro kassiert, geht die Hälfte – 25 000 Euro – in die Steuererklärung über.

Der Gewinn der GbR ist mitnichten auch gleich Ihr persönlich zu versteuerndes Einkommen, sondern er reduziert sich um durch Sie persönlich absetzbare, berufsbedingte Kosten (so genanntes Sonderbetriebsvermögen) sowie Sonderausgaben und unter Umständen außergewöhnliche Belastungen.

Die Partnergesellschaft

Eine gute Alternative zur GbR ist die Partnergesellschaft (PartnerG), die vor allem einen unschlagbaren Vorteil bietet:

Die gesamtschuldnerische Haftung ist auf die Aufträge begrenzbar, die auch gemeinsam ausgeführt werden.

Zudem ist es die einzige Gesellschaftsform neben der GbR, die den freiberuflichen Status erhält. Die Partnergesellschaft muss also keine Gewerbesteuern zahlen und ist nur zur Abgabe einer Einnahmen-und-Ausgaben-Rechnung verpflichtet. Wenn ein Berater etwa ein 3-Monats-Projekt bei einem Unternehmen durchführt, an dem die anderen nicht beteiligt sind, können daraus entstehende Schulden – etwa weil der Auftraggeber den Berater regresspflichtig macht – auch nicht auf diese abgewälzt werden.

Freiberuflicher Status

Partner der PartnerG müssen im Namen der Gesellschaft aufgeführt werden, etwa so: »Müller, Meyer & Collegen Partnergesellschaft«. Fantasienamen sind nicht möglich, im Beratungsgeschäft und für Trainer aber oft auch nicht sinnvoll. Eine Partnergesellschaft gründen Sie per Gesellschaftervertrag und Eintrag in das Partnerschaftsregister. Für die Gründung ist die Einschaltung eines Notars notwendig, insgesamt kommen Kosten von rund 750 Euro auf Sie zu.

Eintrag in Partnerschaftsregister

Die GmbH

Für alle größeren Geschäftsvorhaben, die mit hohem Investitionsrisiko oder/und hohen Gewinnen verbunden ist, eignet sich die GmbH. Klarer Vorteil ist die Haftungsbegrenzung. Haftungsbegrenzung bedeutet, dass Sie nur für Ihre Einlage haften bzw. als GmbH gegenüber den Gläubigern nur mit Ihrem Stammkapital (das auch mehr als 25000 Euro betragen darf).

Vorteil: Haftungsbegrenzung

Mit ihr ist allerdings in jedem Fall die Aufgabe des freiberuflichen Status verbunden. Sie müssen also als GmbH fortan Gewerbesteuer bezahlen. Diese fällt zusammen mit der Körperschaftssteuer von derzeit 25 Prozent auf den Gewinn an, sodass sich Unternehmenssteuern – je nach Kom-

Aufgabe des freiberuflichen Status

mune und Gewerbesteuersatz – auf durchschnittlich 36 Prozent summieren. Der oder die Geschäftsführer erhält ein – den Unternehmensgewinn minderndes – Gehalt, auf das wiederum Einkommensteuer bezahlt wird. Diese Art der Versteuerung führt dazu, dass sich die GmbH steuerlich oft erst bei größeren Umsätzen rechnet, wenn die Belastung des Freiberuflers durch Einkommensteuer die Spitze – also mit Solidaritätsbeitrag rund 45 Prozent – erreicht hat.

Mit GmbH wird Größe assoziiert

Der steuerliche Aspekt ist jedoch bisweilen sekundär. Eine GmbH-Gründung ist in manchen Bereichen einfach notwendig, um überhaupt Aufträge größerer Unternehmen zu bekommen. Denn: Das Bestehen einer GmbH schützt per se vor Scheinselbstständigkeit. Dies ist vor allem im IT-Bereich, wo Berater und Trainer häufig über Monate und Jahre für einen einzigen Auftraggeber im Rahmen eines Projekts arbeiten, ein sehr wichtiger Aspekt. Und der Grund, aus dem Unternehmen gerade dort gerne auf Vermittler ausweichen, die die Scheinselbstständigkeit abfedern, da sie und nicht die Unternehmen diejenigen sind, die Verträge mit den Freiberuflern machen.

Weiterer wichtiger Aspekt ist die mit der GmbH automatisch assoziierte Größe. Unternehmen trauen einer GmbH oft instinktiv mehr Professionalität zu.

Mindeststammkapital

Die GmbH fordert derzeit ein Mindeststammkapital in Höhe von 25 000 Euro. Dieses Geld können Sie in Sachwerten und Bargeld einbringen. Es ist von der Mindeststammeinlage zu unterscheiden. Dies wiederum ist der Betrag, mit dem sich ein Gesellschafter an der GmbH beteiligen kann. Die Mindeststammeinlage beträgt 100 Euro und muss durch 50 teilbar sein.

Durchgriffshaftung

Allerdings wird diese aufgeweicht, wenn privates Geld zur Absicherung von Krediten eingebracht wird. Wird nämlich das Vermögen der GmbH mit dem der Gesellschafter derart vermischt, dass die rechtliche Trennung faktisch aufgehoben wird, kann dies zur so genannten Durchgriffshaftung führen. Dies ist immer dann der Fall, wenn Sicherheiten aus dem privaten Bereich zur Beschaffung von Krediten herangezogen worden sind. Der Gesellschafter haftet nunmehr persönlich für die Schulden der Gesellschaft, was durch die Rechtsform der GmbH als Gesellschaft mit beschränkter Haftung gerade vermieden werden sollte.

Der GmbH-Geschäftsführer

Jede GmbH braucht jemanden, der ihre Geschäfte führt, den Geschäftsführer. Dieser kann angestellt sein oder aber aus dem Gesellschafterkreis stammen. Ob gleichzeitig Gesellschafter oder nicht: der oder die Geschäftsführer benötigen einen Anstellungsvertrag. Die GmbH – als juristische Person, die kein Mensch, sondern Körperschaft ist – muss den Geschäftsführer anstellen. Und dies sollte ordentlich und für das Finanzamt nachvollziehbar erfolgen, mit einem schriftlichen Vertrag. Die Höhe des Geschäftsführergehalts muss sich am Branchenumfeld und der Umsatzgröße des Unternehmens orientieren. Nach unten hin ist jedoch jedes Gehalt vereinbar – und nicht wenige Gesellschafter zahlen sich selbst erst einmal nur ein sehr geringes Grundgehalt.

Anstellungsvertrag für Geschäftsführer

Nach der aktuellen Entwicklung schützt die GmbH vor der Rentenversicherungspflicht. Zeitweise wurde diskutiert, ob Sie als GmbH-Gesellschafter und -Geschäftsführer rentenversicherungspflichtig sind, sofern Sie nur für einen Auftraggeber tätig sind und keine sozialversicherungspflichtigen Mitarbeiter haben.

Die GmbH & Co. KG

Bei dieser Gesellschaftsform ist der Komplementär – also der persönlich haftende Gesellschafter – eine GmbH. Und genau darin liegt der Hauptvorteil der GmbH & Co. KG: Da eine GmbH in ihrer Haftung beschränkt ist, bedeutet dies, dass die Haftung ausgehöhlt ist.

Haftungsfrage ausgehöhlt

In einer GmbH & Co. KG haftet am Ende niemand – und das ist der Grund, warum weder Gläubiger noch Banken sie besonders mögen.

Steuerrechtlich kann die GmbH & Co. KG Vorteile bringen – doch ist dies individuell und muss im Einzelfall betrachtet werden. Lassen Sie Ihren Steuerberater ausrechnen, was sich für Sie mehr rentiert!

Die Limited

Während die Trainer-Limited noch schwer vorstellbar ist, sind Limiteds unter Beratern inzwischen häufig zu finden. Gerade wenn ein starker Auslandsbezug besteht, wählen Consultants gerne diese Gesellschaftsform als Alternative zur GmbH. Wie diese bietet sie eine Haftungsbegren-

Alternative zur GmbH

zung. Ihr wesentlicher Vorteil im Vergleich zur GmbH ist die einfache und kostengünstige Gründung.

Schnelle Gründung möglich

Die Unternehmen, die bei der Gründung der Limited – in der Regel der englischen Limited – auf die Sprünge helfen wollen, werben mit dem Slogan »Ein Pfund Stammkapital« und einer schnellen Gründung, die sich auch schon mal innerhalb von 24 Stunden vollziehen kann. Ein Nachteil ist die Pflicht zur Bilanzierung nach englischem Steuerrecht. Diese fordert Spezialkenntnisse des Steuerberaters und ist damit mit höheren Kosten verbunden.

Die Vorteile der Limited sollten Sie allerdings mit der nötigen Distanz betrachten. 1,5 Euro Stammkapital (das Pfund umgerechnet) einzubringen, ist nämlich praktisch vielleicht möglich, aber nicht sinnvoll, denn mit dem Kauf der ersten drei Briefmarken in Höhe von drei mal 55 Cent wäre damit schon Insolvenz herbeigeführt. Ein bisschen größer muss der Grundstock also sein.

Eine weiterer Vorteil der Limited liegt darin, eventuell in einem anderen Land – speziell im UK – Steuern zu zahlen, denn diese sind niedriger als in Deutschland, wo Körperschaftssteuer und Gewerbesteuer zu einer durchschnittlichen Belastung von 36 Prozent führen.

Vor- und Nachteile

Wenn deutsche Staatsbürger mit Lebensmittelpunkt in Deutschland eine UK Ltd. gründen und den Gewinn in England versteuern wollen, müssen Sie den »Sitz der geschäftlichen Entscheidungen« nach UK verlegen. Eine reine »Briefkastenfirma« reicht nicht aus. Sie müssen telefonisch erreichbar sein und über ein Inlands-Bankkonto verfügen. Entweder verlagern Sie (oder ein »Beauftragter«, oder es wird ein steuerrechtlich Ansässiger in England als Direktor angestellt) also Ihren Lebensmittelpunkt nach England oder Sie schalten einen Treuhand-Direktor vor. Limited-Gründungshelfer vermitteln dazu meist einen Anwalt, der im Gründungsland und nach außen die überwiegenden Geschicke der Gesellschaft lenkt. Nach innen übergibt der Treuhand-Direktor – vertraglich geregelt – alle Rechte und Pflichten an den eigentlichen Gründer.

! **Risiken gibt es dennoch reichlich, und ein Blick hinter die Kulissen ist vor der Entscheidung für die Limited notwendig. Beziehen Sie vor der Gründung unbedingt einen kundigen Rechtsanwalt ein.**

Eine Alternative ist die Limited & Co. KG. Diese zahlt weniger Steuern, da die KG eine Personengesellschaft ist. Bei der KG angesiedelte Gewinne sind nicht mit Körperschafts-, sondern mit Einkommenssteuer zu veranschlagen. Zudem besteht ein Gewerbesteuerfreibetrag in Höhe von 24 500 Euro, der für die reine Limited – wie für die GmbH – nicht gilt. Dieser Vorteil ist aber nicht eine Besonderheit der Limited: Er ist genauso für die GmbH & Co. KG gültig. Zudem kommen wiederum höhere Steuerberatungskosten auf Sie zu, da zwei Gewinnermittlungen anstehen, für die KG und für die Limited.

Weiterer Vorteil ist, dass die so genannten Kommanditisten in der KG Geld einbringen können, ohne an Verlusten beteiligt zu werden. Das macht Konstruktionen interessant, bei denen Familienmitglieder in der KG ohne eigenes Risiko Geld beisteuern, von Gewinnen profitieren und als Kapitalgeber fungieren können.

Limited & Co. KG

Trainerporträt:
Die Pferdeakademie Verena Neuse

Verena Neuse (www.die-pferdeakademie.de) ist nicht das typische Pferdemädel, sondern gestandene Business-Frau mit BWL-Hintergrund. Mit ihrer Pferdeakademie hat sie sich auf ein einziges Thema fokussiert: das Führungskräftetraining mit Pferden. »Pferde spiegeln die Führungsfähigkeit und den Führungsstil. Sie melden genau das zurück, was in der Führungskraft steckt«, so Neuse. Aus diesem Grund bewirken solche Trainings oft sehr viel mehr als klassische Führungskräfteseminare, bieten sie doch eine besondere und nachhaltige Form der Selbstwahrnehmung. Neuse, ausgebildete Trainerin und Coach, hat lange im Marketing gearbeitet und Erfahrungen im Eventmanagement gesammelt, bevor Sie sich an die Gründung der Akademie heranwagte. Ein mutiger Schritt, und ohne Kredit bewältigt: Die laufenden Kosten reduziert Neuse, indem sie die Pferde und die Akademie in einem exklusiven Privatstall vor den Toren Hamburgs nur zu ihren Seminarterminen bucht.
Ursprünglich war eine Teamgründung geplant, jedoch merkte Neuse schnell, dass sie und ihre Partnerin zu starke »Einzelkämpfer« waren. »Jetzt arbeitet sie auf freier Basis für mich, wenn ich eine Kotrainerin brauche, das ist sehr viel lockerer.«

Kleine Aktiengesellschaft (AG)

Das Beispiel von Pegasus Informatik zeigt, dass die AG auch für Berater interessant sein kann – was allerdings noch nicht viele entdeckt haben. Mit dieser Gesellschaftsform wird gegenüber dem Kunden Größe und Professionalität demonstriert. Sie eignet sich immer dann, wenn viele Personen ein Unternehmen gründen wollen, wobei auch unterschiedliche finanzielle Beteiligungen und aktives sowie passives Engagement möglich sind. Nachteile bestehen im hohen Gründungsaufwand und in relativ aufwendigen Strukturen, die etwa einen Aufsichtsrat verlangen.

Wichtig ist, dass verschiedene Gesellschafter die notwendigen 50 000 Euro Mindestkapital zur Verfügung stellen.

Beteiligung an AG

Die Gesellschafter bleiben übrigens geheim, sofern Inhaberaktien ausgegeben werden. Sie müssen natürlich auch nicht alle mitarbeiten – so wie Sie als Besitzer einer Telekom-Aktie auch nicht gleich bei der Telekom arbeiten. Die AG eignet sich deshalb auch gut für alle, die an einem Geschäftsmodell Geld verdienen möchten, auch ohne sich aktiv einzubringen.

»Inaktive« Gesellschafter

Der große Vorteil der kleinen AG im Vergleich zur GmbH ist die einfache Beteiligung immer weiterer »inaktiver« Gesellschafter am Unternehmen. Diese Gesellschafter sind die Aktionäre, die am Wertzuwachs der Gesellschaft verdienen.

Die OHG

Gesellschaftsform für kaufmännische Gewerbe

Die OHG ist für Trainer und Berater kaum geeignet, sondern eine ideale Gesellschaftsform für kaufmännische Gewerbe. Dahinter steckt eine große gewerbliche GbR – eine GbR mit Handelsregistereintrag. Kaufleute, die mehr als 30 000 Euro Gewinn oder über 350 000 Euro Umsatz erwirtschaften, führen diese Gesellschaftsform automatisch. Sie könnten als Berater mit gewerblicher Ausrichtung also hier hinein»schlittern«, ohne es zu wollen. Vorsicht, denn anders als für die GbR gilt für die OHG das Handelsgesetzbuch mit vielen Einschränkungen, etwa im Bereich Wettbewerbsrecht.

Die KG

Die KG eignet sich für Teamgründer, die Verantwortlichkeiten unterschiedlich gewichten möchten und die Gesellschafter nur mit einem überschaubaren Betrag und Einsatz an der Firma beteiligen wollen. Sie ist deshalb eine passende Unternehmensform für alle, die Gewinnbeteiligungen ermöglichen möchten.

Haftungsfragen

Der Vorteil der KG gegenüber der OHG liegt darin, dass nur ein Gesellschafter – der Komplementär – mit seinem Vermögen haftet, während andere Gesellschafter, Kommanditisten genannt, nur mit dem Teil des Geldes einstehen müssen, den sie auch eingebracht haben. Haben also zwei Kommanditisten die KG mit jeweils 25 000 Euro ausgestattet, können Sie maximal jeweils diese 25 000 Euro verlieren. Hat die KG in diesem Jahr einen Verlust erwirtschaftet und im nächsten Jahr einen Gewinn, so wird dieser erst ausgeschüttet, wenn die ursprüngliche Einlage wieder erreicht ist. An weiteren Verlusten werden die Kommanditisten jedoch nicht beteiligt.

	GbR	OHG	KG	PartnerG	GmbH	AG	Ltd.	Ltd. oder GmbH & Co. KG
Sind Sie mehrere Freiberufler, die diesen Status erhalten wollen?	✓			✓				
Ist Ihnen die Haftungsbeschränkung wichtiger als der Steuerstatus »Freiberufler«?				(✓)	✓	✓	✓	✓

	GbR	OHG	KG	PartnerG	GmbH	AG	Ltd.	Ltd. oder GmbH & Co. KG
Wollen Sie möglichst geringe Formalitäten bei der Gründung haben?	✓							
Möchten Sie Scheinselbstständigkeit abwenden?					✓		✓	
Soll die Rechtsform vor allem ein gutes Image im Ausland vermitteln?					✓		✓	✓
Soll die Rechtsform möglichst geringen Aufwand für Ihre Buchführung bieten?	✓			✓				
Möchten Sie schnell expandieren und benötigen Sie dafür Kapital?			✓			✓		
Soll die Rechtsform möglichst geringe Gründungskosten verursachen?	✓						✓	

Verträge gestalten und Rechtsprechung beachten

Was muss ich als Berater, Trainer oder Coach in Sachen Recht beachten? Wie gestalte ich meine Aufträge, damit sie wirksame Verträge werden? Und was gibt es bei den allgemeinen Geschäftsbedingungen zu berücksichtigen? Nicht zuletzt interessiert in diesem Zusammenhang auch das Urheberrecht. Schließlich wollen Sie ja nicht, dass ein anderer Ihre Trainingsunterlagen kopiert! Darüber hinaus geht es in diesem Kapitel um den Unterschied zwischen Werk- und Dienstvertrag sowie um den Mietvertrag für Büros und Seminarräume.

Vom Auftrag zum Vertrag

Ein Vertrag setzt zwei übereinstimmende Willenserklärungen voraus: Antrag und Annahme. Der Auftrag, der auf Ihre Zustimmung trifft, ist damit schon ein Vertrag. Es reicht die mündliche Zustimmung – besser ist es indes, den Auftrag schriftlich zu bestätigen. Dies gilt auch für Änderungen am Auftrag. Diese sollten, auch wenn es keine gesetzliche Vorschrift dazu gibt, schriftlich festgehalten werden. Denn: Wie wollen Sie sonst nachweisen, dass Sie sich statt auf 800 Euro auf 850 Euro Tageshonorar geeinigt haben? Sollte Ihr Auftraggeber die Korrektur nicht selbst vornehmen, so nehmen Sie die Sache in die Hand. Bitten Sie höflich um eine geänderte Ausfertigung des Auftrags. Formulieren Sie selbst eine schriftliche Vertragsergänzung, wenn sich Ihr Auftraggeber quer stellt.

Aufträge schriftlich bestätigen

Achten Sie darauf, dass Aufträge möglichst konkret gefasst sind. »Ein Präsentationstraining für 800 Euro/Tag« ist zwar ein Angebot, das Sie annehmen können, aber Sie sollten vorab die Rahmenbedingungen festlegen und folgende Fragen beantworten:

Verträge konkret formulieren

- Welche Leistung erbringen Sie dafür?
- Was ist inklusive oder kommt extra hinzu (zum Beispiel Skript oder/und Vorbereitung)?
- Was sind die Ziele des Trainings?

- Was passiert, wenn nicht genügend Teilnehmer zusammenkommen (Absage bis wann?)?
- Was passiert, wenn Sie aus Krankheitsgründen ausfallen?
- Erhalten Sie Spesen – und welche?
- Sind die Fahrtkosten enthalten?
- Wann wird das Honorar fällig?

Sind die Rahmenbedingungen schriftlich festgehalten, kann die Bestätigung eines Angebots an Sie informell erfolgen, indem der Auftraggeber den Auftrag mit einem handschriftlichen »O.K.«, dem Datum und einem Stempel zurücksendet. In diesem Fall bildet der Inhalt des Auftrags die Vertragsgrundlage. Zumindest aber sollten Sie darauf bestehen, eine Bestätigung per E-Mail zu erhalten.

> **TIPP** **Absprachen per Telefon**
>
> Bestätigen Sie nicht jede kleine Änderung am Auftrag mit einem offiziellen Fax oder gar Brief – das wirkt ebenso bürokratisch wie seitenlange Angebote mit noch längeren allgemeinen Geschäftsbedingungen (AGB). Sprechen Sie lieber einmal mehr am Telefon mit dem Kunden als zu viel zu »verschriftlichen«.

Unterschied zwischen Werk- und Dienstvertrag

Wenn Sie einen Vertrag schließen, wird dies in aller Regel ein Dienstvertrag sein. Beim Dienstvertrag (§ 611 BGB) müssen Sie nur die Dienstleistung als solche erbringen, beim Werkvertrag (§ 631 BGB) schulden Sie dagegen einen bestimmten Erfolg.

Auf Dienst- und Werkvertragsbasis arbeiten

Ein Werkvertrag ist in der Regel besser und mit einer Pauschalsumme dotiert. Er kann auch mit Gewährleistungsverpflichtungen verbunden sein. Dienstverträge werden meist auf Stunden-, Tagessatz- oder Monatspauschalbasis abgeschlossen. Grundsätzlich kann jeder Selbstständige auf Dienst- und Werkvertragsbasis arbeiten. Beispiel: Der Headhunter, der eine Erfolgsprovision bei Vermittlung seines Kunden kassiert, arbeitet mit einem Werkvertrag. Wer dagegen eine Bewerbungsberatung anbietet, agiert mit einem Dienstvertrag.

Beraterverträge mit Privatkunden

Es erfordert Fingerspitzengefühl: Wann ist ein Vertrag nötig, wann verschreckt er den Kunden? Sinnvoll ist es, je nach Größe des Auftrags zu entscheiden. Für einen einzigen Termin mit zwei Stunden à 90 Euro einen Beratervertrag aufzusetzen, steht in keinem adäquaten Kosten-Nutzen-Verhältnis. Hier sollten Sie sich darauf verlassen, dass mündliche Vereinbarungen auch gültig sind. Sprechen Sie die Rahmenbedingungen einer Beratung deutlich an. Sagen Sie genau, wie Sie eine »Stunde« definieren (sind es 45 oder 60 Minuten? Was passiert, wenn eine Beratung 80 Minuten dauert?). Fragen Sie am Ende immer: »Sind Sie damit einverstanden?«

Größe des Auftrags entscheidend

Geht es um eine Beratung oder ein Coaching über einen längeren Zeitraum, sollten Sie eine kurze und übersichtliche Vereinbarung bereithalten. Beispiele für Coachingverträge finden Sie auf der CD.

Beraterverträge mit Privatkunden: Wichtige Vereinbarungen

- Wie hoch ist das Honorar pro Stunde?
- Wann ist das Honorar zahlbar? (zum Beispiel sieben Tage nach Rechnungsstellung)
- Inklusive Mehrwertsteuer? (bei Privatkunden ja!)
- Was passiert, wenn Termine nicht eingehalten werden? (zum Beispiel bei Absage zwischen 72 bis 48 Stunden vorher = 50 Prozent des Honorars, weniger als 24 Stunden vor Termin 80 Prozent. Machen Sie Ausnahmen, wenn der Kunde wirklich ernsthaft krank ist!)
- Wie behandeln Sie Daten? (vertraulich, selbstverständlich keine Weitergabe an Dritte)
- Handeln Sie nach den Richtlinien eines Vereins oder Verbands oder haben Sie eigene Richtlinien?

Beraterverträge mit Unternehmen

Selbst große Unternehmen haben nicht immer eigene Verträge. Und Sie als kleiner Freelancer können der Deutschen Telekom schlecht Ihren eigenen Vertrag aufdrücken. Wenn Sie Kienbaum Management Consultants heißen, sieht das schon anders aus. Heißen Sie aber wahrscheinlich nicht.

Erst über Rahmenbedingungen sprechen

Deshalb: Sprechen Sie erst einmal über den Auftrag und die Rahmenbedingungen, bevor Sie zum vertraglichen Teil übergehen. Fragen Sie dann, wie es dem Kundenunternehmen am liebsten ist: Sollen Sie einen Entwurf vorlegen oder möchte es dies selbst tun? Beweisen Sie Feingefühl und gehen Sie auf die Wünsche des Partners ein, ohne auf die eigene Absicherung zu verzichten. Ich habe viele Fälle erlebt, wo Trainer und Berater Verträge zwar an das auftraggebende Unternehmen geschickt haben, diese aber nie unterzeichnet wurden: Es ist unwahrscheinlich, dass sich ein großes Unternehmen auf den Vertrag eines kleineren Partners einlässt; es wird die Zusammenarbeit nach seinen eigenen Bedingungen regeln wollen.

Beiderseitige informelle Absichtserklärungen

Und oft sogar nicht. Eine gute Alternative sind beiderseitige informelle Absichtserklärungen, die ebenfalls Verträge sind – nur nicht so aussehen. Hier schreiben Sie hinein, was Sie gemeinsam wollen und vorhaben – und auf welches Angebot und welchen damit verbundenen Preis Sie sich dabei beziehen.

Wenn Sie als freier Mitarbeiter tätig werden

Sind Sie im indirekten Auftrag über Unternehmensberatungen oder Agenturen für Unternehmen tätig, werden Sie derjenige sein, der etwas unterschreiben muss und ganz sicher nichts selbst diktieren kann. Bestenfalls ist es möglich, den Vertrag nach Ihren Vorstellungen mitzugestalten. Lesen Sie sich die Bedingungen durch und sprechen Sie über Punkte, die Ihnen nicht zusagen. Auch Honorare müssen nicht einfach hingenommen werden. Oft gibt es durchaus einen Spielraum – testen Sie diesen zumindest vorsichtig aus.

Geringe Einflussmöglichkeiten

Aber: Aufgrund des Kostendrucks und der großen Konkurrenz ist vielfach wenig Vertragsgestaltung möglich: Oft werden Sie den Vertrag unverändert unterschreiben müssen, da individuelle Vereinbarungen nicht üblich sind.

Wettbewerbsverbote

Kein Vermittler, für den Sie im indirekten Auftrag als freier Mitarbeiter tätig werden, möchte, dass Sie seine Kunden abwerben. Deshalb finden sich in Rahmenverträgen regelmäßig Wettbewerbsverbote, oft »Kundenschutzklausel« genannt: Sollten Sie zum Beispiel bis zu zwei Jahre nach Abschluss eines Auftrags für die Firma direkt tätig werden, drohen Ihnen saftige Geldstrafen. Solche Wettbewerbsverbote sind unwirksam, sofern Sie nach Abschluss eines Auftrags keine Entschädigungszahlung erhalten.

Kundenschutzklausel

Sie können sich aber damit trösten, dass so ein Vertrag meist ungültig ist, Ihre Unterschrift also dem »lieben Frieden« dient. Vielfach steckt reine Abschreckungstaktik dahinter. Kundenschutzklauseln gelten nicht, wenn Sie nachweislich als Unternehmer tätig sind und keinen arbeitnehmerähnlichen Status einnehmen. Sie gelten gemäß derzeitiger Rechtsprechung nur, wenn Sie wie ein Angestellter, also als »arbeitnehmerähnlich«, eingestuft werden können. Das könnte zum Beispiel bei Daueraufträgen von über einem Jahr passieren.

Expansion

TIPP

Oft gelingt der Einstieg in eine unternehmerische Tätigkeit über freie Mitarbeit. Die Arbeit für Ihre Auftraggeber beschert Ihnen dann den Kontakt zu großen und kleinen Kunden. Eine einmalige Chance – aber halt! Ihr Auftraggeber hat sein Geschäft selbst aufgebaut und die Kunden selbst gewonnen. Sie einfach mit einem breiten Grinsen – ich bin ja im Recht – abzuwerben, würde Ihnen einen vielleicht guten, alten Kontakt vermasseln – und bekanntlich sieht man sich im Leben mindestens zweimal.

Urheberrechte beachten

Sie schmücken Ihre Trainingsunterlagen mit Dilbert-Comics? Vorsicht, das ist nicht erlaubt. »Bilder-Klau« verletzt ebenso Urheberrechte wie die Übernahme von Textpassagen, etwa aus einem Buch. Hier gibt es eine klare Regelung: Zitate ja, aber diese müssen als solche gekennzeichnet sein. Ganze Absätze sind keine Zitate mehr! Erst recht gilt dies für komplette Seiten. Heißt: Ohne Zustimmung des Autors dürfen Sie diese nicht verwenden.

Der Text- und Bilderklau

Und nun stellen Sie sich einmal vor, Sie sind der Autor. Genau: Dann wollen Sie sicher nicht, dass irgendjemand einfach so Ihre Texte nutzt und womöglich als seine eigenen ausgibt. Ein Bekannter von mir, Trainer im Sportbereich mit einem sehr individuellen Thema, fand eines Tages seine kompletten Trainingsunterlagen in einem Buch wieder. Der Autor war fleißig zu seinen Seminaren und Vorträgen gekommen. Jetzt schmückte er sich mit fremden Federn. Natürlich landete die Sache beim Rechtsanwalt.

Copyright-Vermerk schützt nicht

Viele meinen, ein Copyright-Vermerk schütze vor dreistem Klau. Doch das ist ein Irrglaube. Er hat »nur« eine psychologische Wirkung. Das Urheberrecht gilt auch ohne einen solchen Hinweis. Es ist auch nicht abkaufbar und kann auch nicht verfallen. Wenn Verlage Texte eines Autoren veröffentlichen, dann lassen Sie sich vielmehr Rechte weltweit und zeitlich unbeschränkt übertragen.

TIPP Bei Text- oder Bilderklau aktiv werden

Sind Sie selbst von Text- oder Bildklau betroffen, so stellen Sie dem »Dieb« am besten eine Rechnung. Der Wert sollte der in der Branche üblichen Honorierung entsprechen. Zahlt der Übeltäter nicht, wenden Sie sich an einen Anwalt für Medienrecht. Wurden ganze Buchpassagen übernommen und kommerziell verwendet, so sollten Sie ebenfalls unbedingt Ihre rechtlichen Möglichkeiten mit einem Fachmann besprechen. Leider werden diese Kosten nicht von einer normalen betrieblichen Rechtsschutzversicherung übernommen, deshalb lohnt sich bei kleineren Urheberrechtsverletzungen der Gang vielfach nicht.

Buchverträge

Urheberrechtsvertrag

Für Trainer und Berater mit speziellem Erfahrungswissen ist ein Buchprojekt sehr attraktiv, gibt es doch kaum ein besseres Marketinginstrument. Buchverträge sind Urheberrechtsverträge, in ihnen wird lediglich eine zeitliche und räumliche Nutzungsabtretung vergeben. Ein Buchvertrag regelt, auf welche Weise Ihre künstlerischen Werke verwendet werden dürfen – und auf welche Weise nicht.

Urheberrechtsverträge sollten unter anderem folgende Angaben enthalten:

- Welche Nutzungsrechte werden übertragen?
- Für welchen Zeitraum werden die Nutzungsrechte übertragen – von einem einzigen Tag bis zeitlich unbegrenzt?
- Wann ist die Erscheinung geplant?
- Darf der Verwerter die Nutzungsrechte an Dritte übertragen?
- Welche Tantiemen werden bezahlt? (üblich ab 5 Prozent vom Nettoladenpreis – also Buchpreis abzüglich Umsatzsteuer – oder ab 10 Prozent von den Nettoerlösen, also Buchpreis abzüglich Umsatzsteuer abzüglich Buchhandelsrabatt, der um 30 Prozent liegt)
- Welche Zahlungs- und Abrechnungsmodalitäten sollen gelten?

Agenten einschalten

TIPP

Schalten Sie bei Buchprojekten einen Agenten ein, der sich in Ihrem Fachgebiet auskennt. Dieser weiß, wie gute Verträge gestaltet sind, und wird Sie aus purem Eigeninteresse fachmännisch beraten.
Adressen von Agenten finden Sie unter www.uschtrin.de. Der Sachbuch-Agent Oliver Gorus betreibt im OpenBC (www.openbc.com) ein eigenes Autorenforum.

Die allgemeinen Geschäftsbedingungen (AGB)

Jede zusätzliche Vereinbarung mit einem »Käufer« Ihrer Dienstleistung gilt als allgemeine Geschäftsbedingung. Wichtiges Merkmal der AGB ist, dass sie vom Verwender einseitig und standardisiert – also nicht von Fall zu Fall wechselnd – in den Vertrag eingebracht werden. Die Vertragsbedingungen werden damit nicht zwischen den Vertragspartnern individuell ausgehandelt, sondern gelten für jeden »Käufer«. Sinnvoll sind AGB etwa, wenn Sie Seminare auf dem offenen Markt verkaufen. Regeln Sie Stornoregelungen, Zahlungsbedingungen und Rücktrittsmöglichkeiten in eigenen AGB. Ein Beispiel für AGB finden Sie auf der CD.

Mietvertrag: Anmietung eines Büros oder Seminarraums

Wenn Sie ein Büro mieten oder auch einen Seminarraum, so schließen Sie normalerweise einen gewerblichen Mietvertrag ab. Diese Mietverträge enthalten Umsatzsteuer und werden außerdem oft für eine bestimmte Mindestmietdauer abgeschlossen.

Falls Sie in eine Bürogemeinschaft ziehen, machen Sie sich bewusst, dass Sie damit auch einer GbR beitreten. Arbeitet jeder für sich, ist dies mindestens eine Innen-GbR, bei der jeder für die Mietschulden des anderen haftet. Heißt: Kann einer nicht zahlen, wird der Vermieter vom anderen die Gesamtsumme fordern. Alternative ist ein Untermietvertrag.

> **TIPP** **Bei der Auswahl der Büro- und Seminarräume beachten**
>
> - Liegt das Büro günstig und ist es gut mit öffentlichen Verkehrsmitteln zu erreichen?
> - Stehen ausreichend Parkplätze zur Verfügung?
> - Sind die Räume leicht zu erreichen, befinden sie sich also nicht im 6. Stock ohne Aufzug?
> - Sind die Räume möglichst ruhig gelegen, damit Ihr Geschäft nicht durch Lärm beeinträchtigt wird?
> - Sind die Räume Ihren Honoraren entsprechend repräsentativ? Je mehr Geld Sie verlangen, desto teurer muss auch Ihre Ausstattung sein.
> - Dürfen Sie Werbetafeln anbringen?
> - Können Sie sich vergrößern und weitere Räume anmieten, falls Sie expandieren?
> - Dürfen Sie Seminarräume untervermieten?

Buchhaltung und Steuerarten

Als Trainer, Berater und Coach sind Sie oft Freiberufler und müssen lediglich eine Einnahmen-Überschuss-Rechnung (EÜR) beim Finanzamt einreichen. Das gilt auch, wenn Sie eine GbR oder Partnergesellschaft sind. Deshalb konzentriert sich dieses Kapitel auf die EÜR und geht nur kurz auf das Thema Bilanzierung ein. Sie erfahren darüber hinaus, welche Steuern Sie bezahlen müssen und wie Sie Steuern sparen.

Grundlagen der Buchhaltung

Als Freiberufler sind Sie zur einfachen Buchhaltung verpflichtet. Diese beruht auf dem Prinzip:

»Betriebliche Einnahmen minus betriebliche Ausgaben gleich Gewinn«

Die doppelte – kaufmännische – Buchführung wird dagegen Pflicht, wenn Sie eine GmbH, eine KG, OHG, eine Limited (hier ist sogar die englische Buchführung notwendig) oder eine AG gründen. Sie lässt sich kaum ohne kaufmännische Kenntnisse allein bewältigen, sodass ein Steuerberater notwendig ist.

Einfache und doppelte Buchführung

Die einfache Buchführung

Frage	Einfache Buchführung
Für wen relevant?	Freiberufler und PartnerG grundsätzlich. Freiberufler-GbR und Gewerbetreibende bis 30 000 Euro Gewinn oder 350 000 Euro Umsatz

Was wird gebucht?	Nur reine Geldbewegungen sowie Abschreibungen laut Ansparung für Abschreibung (Afa). Gebucht wird, wenn etwas auf Ihrem Konto oder in Ihrer Kasse eingeht. Ihre zu begleichenden Rechnungen zählen erst dann, wenn Sie das Geld überwiesen oder erhalten haben.
Wie wird gebucht?	Es gibt nur zwei Seiten: Einnahmen und Ausgaben. Sowohl Einnahmen als auch Ausgaben erscheinen erst mit dem Zeitpunkt des Geldflusses. Motto: kein Geld, keine Buchung.
Gibt es Gestaltungsspielraum?	Durch die Art und Weise der Buchung entsteht Gestaltungsspielraum: Haben Sie in einem Jahr so viel verdient, dass die Steuerzahlung hoch ausfallen wird, können Sie weitere Rechnungen ins nächste Jahr verschieben und somit zum Beispiel verhindern, in die nächste steuerliche Progressionsstufe zu geraten. Erst wenn die Rechnung bezahlt ist, wird Sie für die Buchführung »sichtbar«. Natürlich können Sie auch Ausgaben vorziehen.
Was gilt in Bezug auf den Zu- und Abfluss von Umsatzsteuer?	Umsatzsteuer: Es gilt nur die tatsächlich erhaltene oder tatsächlich gezahlte Umsatzsteuer, sofern Sie Freiberufler sind.
Wie wird die Umsatzsteuer versteuert?	Wenn Sie Freiberufler sind, können (und sollten) Sie mit dem Finanzamt die Ist-Besteuerung vereinbaren. Das bedeutet, dass Sie nur Umsatzsteuer für tatsächlich eingenommenes Geld zahlen, nicht für Geld, das Sie lediglich in Rechnung gestellt haben.
Was gilt für die Belege?	Sie müssen die formalen Vorschriften erfüllen (Datum, Rechnungsnummer, Leistungsdatum, Mehrwertsteuersatz, Steuernummer oder Umsatzsteueridentifikationsnummer).

Wie lange müssen Belege aufbewahrt werden?	Aufbewahrungspflicht: zehn Jahre. Es ist Ihre Pflicht, die Belege leserlich zu halten.
Wie ermittelt man den Gewinn oder Verlust?	Einnahmen-Überschuss-Rechnung (EÜR)

Belege verwalten

Ihre Belege müssen Sie verwahren und verwalten. Wie das geschieht, ist weitestgehend Ihnen überlassen. Folgende Mindeststandards sollten Sie beachten:

Belege-Management

- Sammeln Sie alle Belege, die Ausgaben und Einnahmen dokumentieren, im Original.
- Müssen Sie Rechnungen ein zweites Mal ausstellen, gilt: Fertigen Sie eine Kopie an, etwa mit dem Stempel »Kopie«. Andernfalls kann Ihr Schuldner die Rechnung (in betrügerischer Absicht oder versehentlich) zweimal einreichen und Sie müssen auch zweimal Umsatzsteuer bezahlen.
- Kopieren Sie schlecht leserliche Rechnungen und Rechnungen keinesfalls auf Thermopapier, da dieses schon nach wenigen Wochen nicht mehr leserlich sein kann. Das Finanzamt wird nicht leserliche Rechnungen bei einer Betriebsprüfung nicht anerkennen und Ihnen den Vorsteuerabzug streitig machen.
- Verwahren Sie die Belege sicher vor Feuchtigkeit auf.
- Stellen Sie Rechnungen aus, die den Vorschriften entsprechen (siehe S. 128).

Bringen Sie von Anfang an Ordnung in Ihre Buchhaltung. Wenn Sie Freiberufler sind und sich vor der Rentenversicherungspflicht schützen wollen, stellen Sie für die vorbereitende Buchhaltung am besten jemanden ein. Denn: Die Sortierung vom Steuerberater erledigen zu lassen, ist viel zu teuer. Der Steuerberater möchte außerdem in aller Regel gut sortierte Belege erhalten und hat kein Interesse an einer »Organisation by Schuhkarton«.

Ordnungssinn ist gefragt

Vor der Übergabe der Belege sollten Einnahmen und Ausgaben anhand der Kontoauszüge überprüft und nur diejenigen Belege eingereicht werden, die auch bezahlt sind. Idealerweise heften Sie bei einer Einnahmen-und-Ausgaben-Rechnung die relevanten Belege hinter den jeweiligen

Kontoauszug. Barbelege folgen erst danach. Es ist dabei sinnvoll, alle Belege durchzunummerieren. Mit Kontoauszügen zu arbeiten, macht auch deshalb Sinn, weil Sie ohnehin verpflichtet sind, diese für eine eventuelle Betriebsprüfung zu verwahren.

> **TIPP**
>
> **Buchhaltung Schritt für Schritt**
>
> - Verwahren Sie Einnahmen und Ausgaben in zwei getrennten Ordnern.
> - Verwahren Sie Kontoauszüge.
> - Ordnen Sie die Einnahmen und Ausgaben einmal im Monat den Kontoauszügen zu. Verwenden Sie dafür zum Beispiel einen dritten Ordner.
> - Haken Sie eingegangene oder abgebuchte Zahlungen ab.
> - Vermerken Sie dahinter den Umsatzsteuersatz von 0, 7 oder 16 bzw. 19 Prozent.
> - Heften Sie die Belege hinter den jeweiligen Kontoauszug.
> - Heften Sie Barbelege dahinter.

Der Vorteil regelmäßiger Überprüfung ist: Zahlungssünder fallen sofort auf! Als Neugründer sind Sie außerdem ohnehin erst einmal zwei Jahre lang zur monatlichen Abgabe einer Umsatzsteuererklärung verpflichtet.

Rechnungen richtig erstellen

Korrekte Rechnungen

Rechnungen sollten Sie gut verwahren. Das Finanzamt will diese nämlich spätestens bei einer Betriebsprüfung sehen, der Steuerberater schon anlässlich der monatlichen oder später quartalsweisen Umsatzsteuervoranmeldung.

Achten Sie darauf, dass Ihre Rechnungen den Anforderungen genügen. Die Rechnungen, die Sie erstellen, sollten Folgendes beinhalten:

Rechnungsbestandteil	Info
Name und Anschrift des leistenden Unternehmens (das sind in dem Fall Sie)	Achten Sie auf die korrekte Gesellschaftsbezeichnung (GbR, GmbH etc.).
Name und Anschrift des Empfängers	Inklusive der korrekten Firmenbezeichnung
Menge und Art des Gegenstandes der Lieferung oder die genaue Bezeichnung der Dienstleistung	Inklusive Datum, an dem die Leistung erbracht worden ist
Rechnungsdatum	Pflicht
Fortlaufende, einmalige Rechnungsnummer	Diese kann bei 1 beginnen, muss es aber nicht. Sie können verschiedene Nummernkreise anlegen, falls Sie verschiedene Unternehmungen unter einem Dach anbieten.
Nach den geltenden Steuersätzen aufgeschlüsseltes Entgelt	Inklusive Angabe des gültigen Steuersatzes (0, 7 oder 16 Prozent bis 31.12.2006 bzw. danach 19 Prozent)
Berechnungsgrundlage	Basiert die in Rechnung gestellte Summe auf einem Kostenvoranschlag, auf einem Stunden- oder Tagessatz oder aber auf einer Pauschalvereinbarung?
Auf das Entgelt entfallender Steuerbetrag	Pflicht
Bei Kleinunternehmern: Hinweis auf die Umsatzsteuerbefreiung	Zusatz: »Nach Paragraph 18 Umsatzsteuergesetz bin ich als Kleinunternehmer von der Umsatzsteuererhebung befreit.«
Vom Finanzamt erteilte Umsatzsteueridentifikationsnummer oder die Steuernummer	Bei GbR: Lassen Sie sich eine eigene Steuernummer für die Umsatzsteuer zuweisen!

Die Umsatzsteueridentifikationsnummer

Schon bei der Meldung Ihres Unternehmens werden Sie gefragt, ob Sie die Umsatzsteueridentifikationsnummer beantragen möchten. Tun Sie das! Diese Identifikationsnummer ist eigentlich für den Datenaustausch im innereuropäischen Handel bestimmt, hat jedoch einen wesentlichen Nebeneffekt: Sie ist deutlich anonymer als die Steuernummer, mit der einfach Missbrauch betrieben werden kann. Außerdem brauchen Sie diese Nummer – die mit einem Länderkennzeichen wie DE beginnt –, um von der Zahlung der Mehrwertsteuer in anderen europäischen Ländern befreit zu werden.

Elektronische Rechnungen

Vorsicht vor elektronischen Rechnungen – diese benötigen eine qualifizierte Signatur mit Anbieter-Akkreditierung und eine gültige »elektronische Unterschrift«. Normale E-Mail-Rechnungen und Rechnungen als Download entsprechen diesem Standard nicht. PDF-Rechnungen und erst recht in die E-Mail eingefügte Belege sind manipulierbar – sofern kein Schreibschutz eingebaut wurde.

TIPP Geschäftskonto anlegen

Ein eigenes Geschäftskonto empfiehlt sich in jedem Fall – nur so können Sie private und geschäftliche Ausgaben sauber trennen. Überweisen Sie sich zum Beispiel einmal im Monat ein Gehalt auf Ihr privates Konto.

Zusammenarbeit mit dem Steuerberater

Steuerberater muss Branche kennen

Wählen Sie einen Steuerberater, der sich in Ihrer Materie auskennt, also auch andere Berater, Trainer oder Coachs berät. Ist Ihr Geschäftsmodell speziell – werden Sie etwa als Berater häufig im Ausland eingesetzt –, sollte der Steuerberater hierfür eine besondere Qualifikation haben. Führen Sie ein bis zwei – natürlich kostenlose – Vorgespräche.

Verabreden Sie einen Festpreis für die Buchhaltung, die Sie als Gründer monatlich und nach zwei Jahren in der Regel quartalsweise abgeben.

Diese sollte dem Buchungsaufkommen angemessen sein. Ein Hinweis des Beraters auf die Steuerberatungsvergütungsordnung – die zwischen Zeitgebühr (nach Stunden) und Wertgebühr (nach Wert einer bestimmten

Dienstleistung) unterscheidet und außerdem Schwierigkeitsgrade umfasst – sollte dabei nicht reichen: Der Steuerberater darf Honorare frei vereinbaren. Der Umfang Ihrer Ordner erlaubt eine erste grobe Schätzung – dabei geht es mehr um die Zahl der Belege als um Summen. Drei Rechnungen à 1000 Euro sind schneller gebucht als 100 à 75 Euro.

Gewinnermittlung für Freiberufler

Die Summe, die nach Abzug Ihrer betrieblichen Ausgaben vom Umsatz übrig bleibt, ist Ihr Gewinn. Für Personengesellschaften gilt: Der Gewinn ist die Größe für die Berechnung der Gewerbesteuer. Bei der Berechnung der Einkommensteuer gehen davon aber noch weitere private Kosten ab – zum Beispiel in Form von außergewöhnlichen Belastungen und Sonderausgaben wie Versicherungsbeiträgen.

Formel für die Gewinnermittlung

Umsatz
- betriebliche Ausgaben
= Gewinn
- Sonderausgaben und außergewöhnliche Belastungen
= zu versteuerndes Einkommen (zvE)

Gewinnermittlung für die GbR

Als GbR – und auch Partnergesellschaft – müssen Sie eine »einheitliche und gesonderte Gewinnfeststellung« abgeben. Das geschieht im Rahmen der Einnahmen-Überschuss-Rechnung. Zusätzlich müssen Sie erklären, wie der ermittelte Gewinn auf die einzelnen Gesellschafter verteilt wird. Diese Gewinnanteile müssen sich dann in den persönlichen Einkommensteuererklärungen der Mitunternehmer wiederfinden.

Gewinnermittlung für Kapitalgesellschaften und größere Personengesellschaften

Von GmbHs, OHGs und KGs fordert das Finanzamt eine Bilanz mit der so genannten Gewinn-und-Verlust-Rechnung (GuV). Diese können und sollten Sie nicht allein durchführen. Besprechen Sie sich mit Ihrem Steuerberater!

Gewinn- und-Verlust- Rechnung

Die Steuerentwicklung

Die meisten Gründer sind zunächst überrascht, wie wenig Steuern sie am Anfang zahlen müssen – und wie schnell es mit den Jahren mehr wird. Das liegt daran, dass die Belastung keineswegs linear ansteigt.

Progressive Steuerentwicklung

In Deutschland gibt es eine progressive Steuerentwicklung und eine Steuer, die erst ab einem Einkommen von 7664 Euro gezahlt werden muss. Dazu addieren sich Freibeträge und bis ca. 10 000 Euro Sonderausgaben, sodass eine vierköpfige Alleinernährer-Familie mit 25 000 Euro zu versteuerndem Einkommen gar keine Steuern bezahlt.

Fatale Wirkung der Spätzahlung

Doch die oft überschaubaren Gewinne am Anfang führen nicht selten zu überraschten Gesichtern, wenn es zum Beispiel mehr als 50 000 Euro zu versteuern gilt. Hinzu kommt die verführerische und zugleich fatale Wirkung der Spätzahlung. Mithilfe des Steuerberaters können Sie Ihre Zahlung längstens bis zum Februar des übernächsten Jahres hinauszögern. Haben Sie dann im vorletzten Jahr gut verdient, berechnet das Finanzamt gleich die Steuer für das letzte Jahr mit und verlangt zudem eine Vorauszahlung für das laufende Jahr. Galoppiert Ihr Gewinn in dieser Zeit, kommt das Finanzamt mit seinen Schätzungen nicht mit – und trotz der Vorauszahlung lauert am Ende wiederum eine Nachzahlung.

Wie hoch Nachzahlungen ausfallen werden, errechnet Ihnen Ihr Steuerberater, der über die Vorsteuermeldungen stets einen Überblick hat.

Die Einkommenssteuer

Die Einkommenssteuer ist die Steuer, in der alle Einkünfte zusammenfließen – auch die aus einer »nichtselbstständigen« Tätigkeit, sofern ein Lohnsteuerjahresausgleich angestrebt wird, sowie Einkünfte aus Vermietung und Verpachtung oder auf Kapitaleinkünfte.

Wohnort entscheidend

Zur Einkommenssteuer veranlagt Sie das Finanzamt an Ihrem Wohnort. Wenn Ihr Wohnort nicht zugleich Ihr Arbeitsort ist, bedeutet das, dass für Umsatz- und Einkommenssteuer unterschiedliche Finanzämter zuständig sind.

Einkommenssteuersatz

Der Eingangssteuersatz lag 2006 nach der letzten Stufe der Steuerreform bei 15 Prozent, der Spitzensteuersatz bei 42 Prozent. Dieser beginnt bei 52 152 Euro. Ab diesem Einkommen (Gewinn) müssen Sie jeden Euro mit

42 Prozent versteuern. Bis dahin gilt eine lineare Steuerprogression: Die Steuerzahlungen erhöhen sich schrittweise. Es ist also nicht etwa so, dass Sie Ihr gesamtes Einkommen mit 42 Prozent versteuern, sollte es über der Grenze liegen. Haben Sie 52 155 Euro verdient, unterliegen gerade mal vier Euro dem Spitzensteuersatz. Es gilt für Sie – wie für alle anderen – auch der Freibetrag von 7664 Euro, der bei Ehepaaren für jeden Ehepartner angerechnet wird (sofern diese zusammen veranlagt werden).

Einkommenssteuer – Beispiele

(jeweils Einkommenssteuer inklusive Solidaritätszuschlag ohne Kirchensteuer, Stand 2006)

Beispiel 1:

- Single mit 15 000 Euro zu versteuerndem Einkommen:
  1626,81 Euro
- Verheiratet mit 15 000 Euro zu versteuerndem Einkommen:
  0 Euro

Beispiel 2:

- Single mit 40 000 Euro zu versteuerndem Einkommen: 9223 Euro
- Verheiratet mit 40 000 Euro zu versteuerndem Einkommen:
  5700 Euro

Beispiel 3:

- Single mit 100 000 Euro zu versteuerndem Einkommen:
  35 960,73 Euro
- Verheiratet mit 100 000 Euro zu versteuerndem Einkommen:
  27 632,56 Euro.

Hinweis: Der Vorteil »verheiratet« ergibt sich nur bei Zusammenveranlagung, die auch bei Verheirateten keine Pflicht ist. Ob Sie sich getrennt oder zusammen veranlagen lassen, können Sie von Jahr zu Jahr neu entscheiden. Das so genannte Splitting lohnt sich immer dann, wenn der eine mehr als 60 Prozent des Gesamteinkommens bezieht.

Die Gewerbesteuer

Nur Gewerbebetriebe zahlen Gewerbesteuer – sofern sie mit ihrem Gewinn (hier: Gewerbeertrag) über dem Freibetrag von 24 500 Euro liegen, als GmbH gilt dies ab dem ersten Euro. Ein Unternehmen, das 50 000 Euro Gewinn gemacht hat und abzüglich der Freibeträge einen Gewerbeertrag von 25 000 Euro hat, zahlt bei einem Hebesatz von 400 rund 1450 Euro. Diese gezahlte Gewerbesteuer gilt als Betriebsausgabe, wird also von der Einkommensteuer abgezogen und mindert diese.

Die Körperschaftssteuer

Juristische Personen

Die Körperschaftssteuer ist die Steuer für juristische Personen – wie GmbH und AG. Sie beträgt derzeit 25 Prozent, wobei eine Reform ohne Unternehmenssteuern Ende 2006 ansteht. Diese 25 Prozent zahlen Sie auf den Gewinn. Sie wird in jedem Fall zur Gewerbesteuer bezahlt. Und das ist der nachdenkenswerte Punkt: Die steuerliche Belastung von Kapitalgesellschaften aus Körperschaftssteuer (25 Prozent) und Gewerbesteuer beträgt zurzeit im Durchschnitt um die 36 Prozent. Damit zahlen Körperschaften in Deutschland weit höhere Steuern als in anderen Ländern, die nur die Körperschaftssteuer kennen.

Das Halbeinkünfteverfahren

Bei der Berechnung der Steuern ist es gleich, ob dieser Gewinn an die Gesellschafter ausgeschüttet wird oder in der Gesellschaft verbleibt. Wird der Gewinn ausgeschüttet, geht er an die GmbH-Gesellschafter, also die Inhaber, die hierfür erneut Steuern – dieses Mal Einkommensteuer – bezahlen müssen. Hier gilt seit 2001 das so genannte Halbeinkünfteverfahren, das besagt, dass der Steuersatz generell 20 Prozent beträgt, wenn der Empfänger die Steuer trägt (der Gesellschafter also). Für nicht ausgeschüttete Gewinne beträgt die Belastung demnach 25 Prozent zuzüglich Solidaritätszuschlag, für ausgeschüttete satte 45 Prozent (25 Prozent Körperschaftssteuer plus 20 Prozent Steuern nach dem Halbeinkünftegesetz).

Die Umsatzsteuer

»Durchlaufender« Posten

Als »vorsteuerabzugsberechtigter« Freiberufler, als GbR/Partnergesellschaft und auch als GmbH oder Limited fungieren Sie als Sammelstelle für den Staat. In seinem Auftrag treiben Sie die Umsatzsteuer ein und führen diese an ihn ab. Deswegen nennt man die Umsatzsteuer »durchlaufenden Posten«.

Auf (fast) jede Dienstleistung und jedes Produkt erhebt der Staat Umsatzsteuer. Dabei müssen Sie ab 1.1.2007 19 Prozent oder ermäßigt 7 Prozent (etwa für redaktionelle Leistungen oder Ihre Autorenschaft bei einem Buchprojekt) abführen.

Sie selbst zahlen als Firma keine Umsatzsteuer, wenn Sie etwas kaufen oder eine Dienstleistung in Anspruch nehmen, die betrieblich bedingt ist. Sie müssen die gezahlte Umsatzsteuer vielmehr mit der eingenommenen verrechnen. Ergibt sich ein Plus für das Finanzamt, kassiert es diese Umsatzsteuer in Form der für diesen Zweck so genannten Vorsteuer ein. Ergibt sich ein Plus für Sie, erhalten Sie die Vorsteuer zurück – und zwar tatsächlich als Geldeingang auf Ihrem Konto, und nicht etwa als Guthaben, das mit kommenden Schulden verrechnet würde.

Verrechnung der Umsatzsteuer

Beispiel

Sie verdienen im Monat Mai 3000 Euro für drei Trainingstage. Hinzu kommen 570 Euro Umsatzsteuer (19 Prozent). Im gleichen Monat kaufen Sie ein Notebook für 3000 Euro und zahlen dafür ebenfalls 570 Euro Umsatzsteuer. Für Tankquittungen und Büromaterial geben Sie noch einmal 500 Euro und 95 Euro an Umsatzsteuer aus.

Insgesamt haben Sie damit 570 Euro eingenommen und 665 Euro ausgegeben. Das Finanzamt zahlt Ihnen 95 Euro zurück.

Als Gründer müssen Sie derzeit einmal im Monat Ihre Umsatzsteuer-Voranmeldung dem Finanzamt übermitteln. Das ist inzwischen nur noch elektronisch über Elster (www.elster.de) möglich. Stichtag ist der 10. des Folgemonats. Das ist sehr knapp bemessen und ein Grund, weswegen das Kreuz vor dem Punkt »Dauerfristverlängerung« in der Anmeldung Ihrer freiberuflichen Tätigkeit sinnvoll ist. Es bedeutet nämlich, dass Sie stets einen Monat mehr Zeit haben. Beispiel: Normal wäre die Abgabe für den Mai am 10. Juni. Mit der Dauerfristverlängerung haben Sie bis zum 10. Juli Zeit.

Elektronische Meldung

Kleinunternehmer ohne Umsatzsteuer

Nur in seltenen Fällen lohnt es sich, die Kleinunternehmerregelung in Anspruch zu nehmen. Die Kleinunternehmerregelung kommt nach außen hin erst einmal für all diejenigen infrage, die weniger als 17 500 Euro im ersten und weniger als 50 000 Euro im zweiten Gründungsjahr Umsatz

Kleinunternehmerregelung

machen. Sie können auf den Vorsteuerabzug verzichten und rechnen fortan brutto wie netto. Heißt: Gezahlte Umsatzsteuer bekommen Sie nicht zurückerstattet, Sie müssen aber auch keine Umsatzsteuer auf Ihre Dienstleistungen aufschlagen.

Gefahr bei Umsatzsteuerbefreiung

Dies ist von Vorteil für Dozenten, die für umsatzsteuerbefreite Unternehmen bzw. in umsatzsteuerbefreiten Lehrgängen arbeiten und zudem wenig investieren. Jeder, der dagegen mit Unternehmen Kontakt hat, sollte auf die Inanspruchnahme verzichten. Denn: Die Wirkung des öffentlichen Bekenntnisses, weniger als 17 500 Euro zu verdienen, verführt zu Preisdumping. Viele Firmen sind zudem irritiert, wenn Sie Rechnungen ohne Mehrwertsteueraufschlag erhalten. Außerdem müssten Sie bei einer Vollexistenz spätestens im dritten Jahr (dann gelten wieder 17 500 Euro als Grenze) die Preise erhöhen.

> **TIPP**
>
> **Vorteile hat die Regelung lediglich für Sie, wenn Sie …**
>
> - sehr wenig Geld verdienen,
> - kein Geld ausgeben,
> - ohne eigene Räume arbeiten,
> - dauerhaft unter 17 500 Euro Umsatz bleiben (in der Regel also eine nebenberufliche Selbstständigkeit betreiben) oder
> - mit Privatpersonen oder mehrwertsteuerbefreiten Institutionen zu tun haben (wie der Arbeitsagentur, Vereinen oder manchen Institutionen).

Steuern sparen

Erste Regel: Verursachen Sie Kosten, sofern diese sinnvoll sind. Das kann das Gehalt für einen Mitarbeiter sein, der Sie entlastet und Ihnen ermöglicht, sich auf Kernaufgaben zu besinnen. Das kann aber auch die Leasingrate fürs Auto sein oder aber für das Büromobiliar.

Betriebliche Ausgaben

Je höher Ihr Gewinn, desto höher Ihr Steuersatz – und desto mehr »lohnen« sich betriebliche Ausgaben oder vielmehr »Investitionen«. Wenn Sie Steuern am Spitzensteuersatz bezahlen, sparen Sie durch den Kauf von drei TFT-Bildschirmen zu je 400 Euro letztendlich 42 Prozent plus Solidaritätszuschlag. Denn der Kauf mindert den Gewinn – und entsprechend werden auch weniger Steuern fällig.

Sparen mit dem Auto

Als Trainer oder Berater sitzen Sie sicher viel im Auto. Die dafür entstandenen Kosten können Sie von den Einnahmen abziehen. Dazu stehen Ihnen drei Möglichkeiten offen:

Drei Sparmöglichkeiten

1. Die 1-Prozent-Regel besagt, dass von den im Jahr entstandenen Kosten pro Monat ein Prozent des Listenpreises des betreffenden Fahrzeugs für angenommene private Nutzung abzuziehen ist – und zwar gilt hier jeweils der Listenpreis für einen Neuwagen. Dieser wird auch dann Ihrem Einkommen zugerechnet, wenn Sie das Auto viel günstiger erworben haben. In den meisten Fällen ist diese Lösung zwar bequem, aber ungünstig. Fahren Sie einen Wagen zum Listenpreis von 28 000 Euro, bedeutet dies, dass Sie jedes Jahr mehr als 3360 Euro als Einnahmen verbuchen müssen (außerdem kommen Kosten pro gefahrenen Kilometer hinzu). Da hilft es wenig, dass Sie auch die Kosten voll absetzen können. Das Verfahren eignete sich bisher also nur für Unternehmer, die ihren Wagen überwiegend privat nutzten und wenig Aufwand haben wollten.
Bei der Nutzung der 1-Prozent-Regel muss seit 2006 ein Nachweis erbracht werden, sofern der Wagen weniger als 50 Prozent betrieblich genutzt wird. Bei mehr als 50 Prozent entfällt der Nachweis. Dann ist allerdings auch die zweite Möglichkeit, nämlich die Aufteilung der Kosten in private und betriebliche Kosten, die anhand eines Fahrtenbuches belegt wird, oft günstiger (siehe unten). Wie der Nachweis bei der 1-Prozent-Regelung erfolgen soll – ob etwa auch hier ein Fahrtenbuch nötig wird oder eine Liste mit Beispielnachweisen ausreicht –, ist derzeit unklar.

1-Prozent-Regel

2. Alternative zur 1-Prozent-Regel ist ein Fahrtenbuch, mit dem Sie dem Finanzamt nachweisen, wie viel Sie tatsächlich geschäftlich bedingt unterwegs waren. Hierhin muss jede einzelne Fahrt dokumentiert werden, und zwar zeitnah und fälschungssicher.

Fahrtenbuch

3. Eine dritte Methode, das Auto steuerlich geltend zu machen, besteht darin, jeden geschäftlich verursachten Kilometer aufzuschreiben und mit derzeit 30 Cent von der Steuer abzusetzen. Diese Methode rentiert sich bei älteren Autos, die wenig Sprit verbrauchen. Relevant ist jeder gefahrene Kilometer. Geht es um Fahrten zur Betriebsstätte, kann dagegen nur eine einfache Fahrt angerechnet werden.

30-Cent-Regel

Fahrten zur »Betriebsstätte«

Fahrten zur »Betriebsstätte« – auf deutsch also ins Büro – sind seit 2006 nur noch dann absetzbar, wenn die Entfernung mehr als 20 Kilometer beträgt. Das Problem entfällt, wenn Sie Ihre Wohnung zur Betriebsstätte machen. Dabei ist es unerheblich, ob Sie das dortige Arbeitszimmer auch absetzen können. Sie müssen dem Finanzamt nur belegen können, dass die »Verwaltung« Ihres Geschäfts zu Hause erfolgt – etwa anhand eines zeitweise geführten Kalenders. Damit sind höchstwahrscheinlich auch nicht mehr nur einfache Touren, sondern Hin- und Rückfahrten geltend zu machen. Auch wenn Ihre Wohnung keine Betriebsstätte ist, gilt nur eine Fahrt am Tag als Pendelfahrt zur Arbeit. Alle anderen Touren sind absetzbar.

Steuern sparen mit dem Auto

	1-Prozent-Regel	Nachweis per Fahrtenbuch	30 Cent pro Kilometer
Wie geht's?	Pro Monat wird ein Prozent vom Listenpreis Ihrem Einkommen/Gewinn hinzugerechnet. Alle übrigen Kosten – Sprit, Reparatur, Wartung – können dann voll betrieblich geltend gemacht werden, plus 0,03 Prozent pro privat gefahrenem Kilometer.	Sie führen ein handschriftliches Fahrtenbuch, in dem Sie zeitnah Kilometerstand bei Abfahrt und bei Ankunft, die gefahrenen Kilometer, das Ziel, den Grund der Fahrt und die besuchte Person/Firma/Institution vermerken. Verzeichnen Sie alle Fahrten, auch die kleinsten und privat veranlassten.	Diese Pauschale deckt alle mit dem Auto verbundenen Kosten ab. Weitere Belege werden nicht mehr anerkannt. Auch Leasingkosten etc. dürften bei dieser Variante nicht geltend gemacht werden. Die Pauschale betrifft Hin- und Rücktour.
Für wen?	Freiberufler, die das Auto zu weniger als 50 Prozent privat nutzen; bei eher günstigen Wagen mit niedrigem Listenpreis	Freiberufler, die viel betrieblich unterwegs sind und teure, neuere Wagen fahren; bei »Spritfressern« und bei Leasing und Kreditkauf	Wenn Sie einen älteren, sparsamen Wagen fahren und wenn Sie sich einen Wagen teilen; wenn Sie wenig betrieblich fahren

| **Nach-teil** | Schlecht, wenn Sie sehr viel beruflich unterwegs sind und hohe Kosten haben sowie einen teuren Wagen fahren | Sehr hoher Aufwand, verlangt enorme Disziplin | Ärgerlich, dass durch die Pauschale Spritkosten, Reparaturen etc. nicht mehr berücksichtigt werden |

Und nun noch zwei Hinweise: **Fahrtenbuch führen**

1. Wenn Sie unterwegs sind, können Sie dem Finanzamt dies »in Rechnung stellen«. Bei mehr als 24 Stunden Abwesenheit vom Büro können Sie so genannte »Verpflegungsmehraufwendungen« von 24 Euro aufschreiben, bei mindestens 14 Stunden von 12 Euro und bei mindestens 8 Stunden von 6 Euro. Notieren Sie dies schon direkt im Fahrtenbuch, sonst wird es leicht vergessen!
2. Wenn Sie nicht abschätzen können, mit welcher Methode Sie das meiste Geld sparen können, führen Sie im Zweifel am besten ein Fahrtenbuch. Ihr Steuerberater kann dann leicht errechnen, was sich am ehesten lohnt.

Mit Verlustvortrag oder Verlustrücktrag Ausgleich schaffen
Einem miserablen Jahr mit negativem Gewinn – kurzum Verlust – folgt eines mit dickem Plus. Einen Ausgleich schafft in diesem Fall der Verlustrücktrag. Damit können Sie Ihre Verluste aus dem einen in das andere Jahr übertragen. Das Gleiche ist auch umgekehrt möglich: Haben Sie in einem Jahr kräftig abgesahnt, müssen aber durch Investitionen im nächsten Jahr rote Zahlen schreiben, können Sie Ihren Gewinn »vortragen«. Das bedeutet, dass eine mittlere Steuerbelastung für Sie ermittelt wird. Beispiel: 2005 betrug Ihr Verlust 15 000 Euro, 2006 der Gewinn 50 000 Euro. Sie zahlen 2005 gar keine Steuern und 2005 Steuern für 50 000 minus 15 000 Euro, also 35 000 Euro.

Mit Abschreibungen Steuern sparen
Sofort und im Jahr des Kaufes abziehbar sind Wirtschaftsgüter unter 410 Euro (natürlich netto). Alle preislich darüber liegenden Anschaffungen werden nach der Tabelle für Abschreibung für Abnutzung (Afa) abgeschrieben. Das ist die angenommene Dauer, mit der sich ein Gut abnutzt und seinen Wert verliert.

Rechen-Beispiel Computer (sofern die Anschaffungskosten mehr als 410 Euro netto betragen) sind demnach über drei Jahre und Büromöbel über 13 Jahre abzusetzen. Beispiel: Sie haben einen Designerstuhl für 6500 Euro erworben. Bei einer Abschreibungsdauer von 13 Jahren setzen Sie in Ihren Steuererklärungen nun 13 Jahre lang jeweils 500 Euro an. Das nennt sich dann lineare Abschreibung und bedeutet, dass alles gleichmäßig verteilt wird. Das kann ungünstig sein, weil Sie vielleicht in einem Jahr Ihren Gewinn »drücken« wollen. Dann besteht die Möglichkeit, Ihr Wirtschaftsgut degressiv anzusetzen. Dabei können Sie den maximal zweifachen Satz des »normalen« Abschreibungswertes ansetzen. Das bedeutet, dass Sie den Stuhl im ersten Jahr mit 1000 Euro Steuer mindernd einbringen und in den folgenden neun Jahren mit 458,33 Euro.

Die aktuellen Afa-Tabellen erhalten Sie beim Bundesfinanzministerium unter www.bundesfinanzministerium.de.

Ansparabschreibungen nutzen

In Jahren mit niedrigen Gewinnen nutzen

Eine weitere Methode, einen Ausgleich zwischen unterschiedlichen Jahren mit unterschiedlichen Gewinnen zu schaffen, bietet die Ansparabschreibung. Hierbei weisen Sie dem Finanzamt in einem Jahr mit gutem Gewinn nach, dass Sie in den nächsten zwei Jahren etwas kaufen möchten – so genannte »bewegliche Wirtschaftsgüter«. Dies kann ein Designermöbel oder aber der Firmenwagen sein. Nicht infrage für Ansparabschreibungen kommen Gebäude. Die Investition in eine Internetseite dagegen wird gemeinhin akzeptiert. Ansparabschreibungen werden vom Umsatz abgezogen und mindern deshalb den Gewinn. Sie können allerdings lediglich bis zu 40 Prozent der kalkulierten Kosten für die Anschaffung steuerlich abziehen. Zudem muss Ihre Ansparung auch wieder aufgelöst werden, das heißt im nächsten oder übernächsten Jahr Ihrem Gewinn wieder hinzugerechnet werden. Damit sich der Steuerspareffekt auch bei nicht eingelöster Ansparung lohnt – schließlich kann Sie niemand zwingen, tatsächlich etwas zu kaufen –, sollte dies in einem Jahr mit niedrigem Gewinn erfolgen, oder aber bei fallenden Steuersätzen.

Als Gründer haben Sie in den ersten fünf Jahren Ihrer Gründung die Möglichkeit, die Ansparabschreibung wieder aufzulösen, ohne dem Finanzamt Zinsen zahlen zu müssen. Alle anderen Unternehmen müssen das gesparte Geld mit sechs Prozent pro Jahr verzinsen – ob Sie nun etwas anschaffen oder nicht.

Versicherungen: Für alle Fälle vorsorgen

Haben Sie schon einmal darüber nachgedacht, was passiert, wenn Sie über das orange Kabel des Overheadprojektors stolpern und sich dabei ein Bein brechen? Wissen Sie, wer zahlt, wenn der Diaprojektor im gemieteten Raum kaputtgeht? Wenn nicht, so sollten Sie sich spätestens jetzt mit dem Thema Versicherungen beschäftigen. Dieses Kapitel beantwortet Ihre speziellen Fragen und verrät alles, was Sie bezüglich der Kranken- und Rentenversicherung wissen müssen.

Die Krankenversicherung

Als Coach, Berater und Trainer sind Sie nicht krankenversicherungspflichtig, es sei denn, Sie sind im Textbereich tätig und konnten Unterschlupf bei der Künstlersozialkasse finden. Sie müssen sich also nicht zwangsweise versichern, sollten dies allerdings freiwillig tun, entweder bei einer privaten oder einer gesetzlichen Krankenkasse.

Verdienen Sie wenig (unter 1837,50 Euro Gewinn/Monat), zahlen Sie je nach Krankenkasse und Beitragssatz bei den Gesetzlichen etwa 250 Euro Mindestsatz. Dabei gehen die Krankenkassen von einer monatlichen »Bezugsgröße« – dem Durchschnittseinkommen eines Angestellten – aus und nehmen von diesem Betrag drei Viertel als Bemessungsgrundlage für die Höhe des Beitrags. Selbst wenn Sie Verluste machen, müssen Sie diesen Satz bezahlen – außer Sie haben die Möglichkeit, sich bei einem Ehepartner mitversichern zu lassen. Dies ist möglich, solange Sie nicht mehr als 350 Euro Gewinn erzielen. Dieser Mindestsatz steigert sich schnell und liegt dann bald bei rund 500 Euro – das ist eine ganze Menge. Viele private Versicherungen sind in diesem Fall deutlich günstiger, zumal wenn nur eine Person – Sie – versichert werden soll.

Gesetzlich oder privat versichern

Beispiel: Beiträge zur gesetzlichen Krankenversicherung für Selbstständige 2006

Krankenversicherung

Beitragssatz	14 Prozent (Beispiel)
Beitragsbemessungsgrenze / Jahr	42 750 Euro
Beitragsbemessungsgrenze / Monat	3562,50 Euro
Höchstbetrag (Monat)	498,75 Euro
Mindestbeitrag	257,25 Euro

Achtung: Für die Pflegeversicherung kommen bis zu 69,47 Euro dazu.

Bei den Privaten gilt: Je höher die Selbstbeteiligung und je geringer die Leistungen, desto preiswerter der Monatsbeitrag. So kann bei der Deutschen Krankenversicherung DKV mit GST ein sehr günstiger Tarif abgeschlossen werden, der allerdings eine hohe Selbstbeteiligung (3300 Euro ambulant und im Krankenhaus) erforderlich macht. Dies lohnt sich, wenn Sie selten krank werden und genug Geld auf der hohen Kante haben, das Sie besser vermehren sollten als es direkt auszugeben.

Privat – Achtung: die Kinder!
Die Privatspar-Rechnung geht allerdings nicht auf, wenn Sie eine Familie ernähren müssen oder Kinder wollen. Arbeitet Ihr Ehepartner nicht oder verdient er / sie weniger, müssen Sie als Hauptverdiener die Kinder privat mitversichern. Und das wird dann wirklich teuer.

Die Rentenversicherung

Viele Trainer verzichten in der Anlaufphase darauf, sich um ihre Altersvorsorge zu kümmern. Sie ahnen zudem nicht, dass die Deutsche Versicherung Bund Sie vielfach als rentenversicherungspflichtig identifizieren könnte.

Für das Alter absichern
Wenn Sie um das Einzahlen in die leere Staatskasse herumkommen, bleibt die Frage, wie Sie sich selbst für das Alter absichern. Etwa 500 Euro müssen Sie im Monat übrig haben, um genug für die Rentenjahre zur Seite zu

legen. Ihre monatlichen Rücklagen müssen zudem die Rücklagen eines Angestellten bei weitem übertreffen – auch dies ist ein Grund, weswegen der Gewinn des Selbstständigen in keiner Weise mit dem Einkommen eines Angestellten vergleichbar ist. Der Gewinn des Selbstständigen muss deutlich höher ausfallen, was in vielen Bereichen aufgrund extrem niedriger Honorare – etwa bei den Dozenten von Weiterbildungsinstituten – leider nicht der Fall ist!

Rentenversicherungspflicht

Keine Regel ohne Ausnahme: So sind die meisten Unternehmer von der Rentenversicherungspflicht befreit, aber eben nicht alle. Trainer, Coachs und einige Berater trifft der »Verdacht«, als freier Lehrer identifiziert zu werden, wodurch die gesetzliche Rentenversicherungspflicht begründet wird. Die Deutsche Versicherung Bund klagt über leere Kassen. Kein Wunder, dass sie alles daran setzt, Zahler zu gewinnen oder auch Zahlungen zu erzwingen.

So wurde Anfang 2000 ein uraltes Gesetz wieder hervorgekramt, wonach »freie Lehrer« rentenversicherungspflichtig sind, weil sie nicht in der Lage seien, selbst für ihr Alter vorzusorgen. Seitdem werden Dozenten, Trainer, Coachs und auch Berater, die keine Unternehmensberatung im klassischen Sinn durchführen (die also keine Lösungen in Unternehmen umsetzen), als »freie Lehrer« abgestempelt. Im Extremfall müssen diese im Nachhinein Rentenversicherungsbeiträge für die letzten sieben Jahre – erst danach verjährt die »Tat« – nachzahlen. Wer mit seinem Gewinn an der Spitze, also der Beitragsbemessungsgrenze (63 000 Euro / Jahr West, 52 000 Euro / Jahr Ost) lag, kann damit leicht mit 30 000 Euro zur Kasse gebeten werden, was die meisten nahe an oder sogar in den finanziellen Ruin geführt hat.

»Freie Lehrer«: versicherungspflichtig

Dabei führt die Deutsche Rentenversicherung Bund (noch) keine systematischen Prüfungen durch. Derzeit beruht es vor allem auf Zufällen, wenn jemand auffliegt. So kann es sein, dass die Kontrolle der bisherigen Kontoauszüge zur Falle wird: Wenn Sie etwa eine freie Trainer-Tätigkeit von 2004 bis 2007 melden, so macht dies hellhörig (sagen Sie lieber einfach, dass Sie in dieser Zeit Unternehmer waren, um keine schlafenden Hunde zu wecken).

Die einfachste Methode, der Falle »Rentenversicherungspflicht« aus dem Weg zu gehen: Stellen Sie Mitarbeiter ein. Mindestens 401 Euro müssen diese bei Ihnen dauerhaft verdienen.

Mitarbeiter befreit von Pflicht

Diese seltsame Regelung führt leider zu weiteren Komplikationen, denn suchen Sie mal einen Mitarbeiter für 401 Euro – Sie werden sicher Schwierigkeiten haben, so jemanden zu finden. 400 Euro sind als Minijob deklarierbar und damit steuerfrei, selbst wenn es einen Hauptjob gibt oder wenn der Angestellte sonst als Freiberufler gutes Geld verdient. 401 Euro dagegen müssen versteuert werden, und auch Sozialabgaben werden fällig. In dem so genannten Niedriglohnbereich bis 800 Euro lohnt sich die Arbeit für den Angestellten kaum, denn Abgaben sind unverhältnismäßig hoch. Für Sie als Arbeitgeber ist es dagegen völlig gleich, ob Sie 400 oder 401 Euro zahlen. Einzige Erschwernis: Ab 401 Euro können Sie das Geld nicht mehr bequem an die Minijobzentrale abführen, die Finanzämter halten die Hand auf.

> In der Verwaltungspraxis hat sich deshalb herauskristallisiert, dass die gezahlten Gehälter einfach addiert werden.
> Beschäftigen Sie also einen Minijobber für 300 und einen für 150 Euro, sind Sie nach aktuellem Stand der Dinge »fein« raus.

Ansonsten sollten Sie es vermeiden, mit Institutionen in Berührung zu treten, die möglicherweise von der Deutschen Versicherung Bund geprüft werden könnten. Dies betrifft vor allem Weiterbildungsinstitutionen. Die Gründung einer GmbH oder Limited verändert übrigens gar nichts an Ihrem Status als potenziell rentenversicherungspflichtigem Trainer, Berater oder Coach.

Tätigkeit in rentenversicherungsfreien Bereichen

Sie können auch Ihre Tätigkeit bewusst so gestalten, dass Sie nicht unter die Rentenversicherungspflicht fallen – indem Sie nämlich große Teile der Arbeit in einem Bereich ausführen, der rentenversicherungsfrei ist. Entscheidend ist die gesamte Prägung Ihrer Tätigkeit: Nicht betroffen sind Sie etwa, wenn Sie 60 Prozent klassische Unternehmensberatung im Sinne der Deutschen Versicherungsanstalt Bund betreiben – also nicht nur einfach beraten, sondern auch Lösungen umsetzen. Auch als Veranstalter von Trainings sind Sie nicht betroffen, außer Sie setzen sich selbst so oft ein, dass Sie mehr als 60 Prozent der Einnahmen aus dieser Tätigkeit beziehen.

Mithilfe eines Steuerberaters lässt sich das geschickt gestalten, indem Sie Kaufbelege für Investitionen vor allem der Trainertätigkeit zuordnen, was natürlich begründet erfolgen muss. So minimieren Sie Ihren Gewinn für diesen Geschäftszweig.

Privat oder gesetzlich versichern?

	Private Krankenkasse	Gesetzliche Kasse
Wie teuer?	Ab ca. 100 Euro / Monat pro Person, meist Selbstbeteiligung zwischen 300 und 33 000 Euro / Jahr	Ab ca. 250 Euro, wenn Sie weniger als 1830 Euro verdienen. Als Selbstständiger mit hohen Verlusten oder geringem Gewinn (unter 350 Euro) können Sie sich beim Partner mitversichern.
Familie	Familienmitglieder sind nicht mitversichert.	Familienmitglieder sind im Rahmen der Familienversicherung mitversichert, sofern Ihr Partner nicht privat versichert ist und dauerhaft mehr verdient.
Rückerstattungen?	Es gibt oft Beitragsrückerstattungen, wenn Sie nicht zum Arzt müssen oder Besuche aus eigener Tasche bestreiten.	Keine Rückerstattungen
Eltern	Mütter bekommen nichts, müssen Beiträge weiter bezahlen.	Zahlung von Mutterschaftsgeld, Freistellung von der Zahlung im Mutterschutz
Rückkehr	Keine Rückkehr in die gesetzliche Kasse möglich, es sei denn, Sie werden sozialversicherungspflichtig tätig und liegen unter der Beitragsbemessungsgrenze (zum Beispiel kann die Einstellung als Geschäftsführer in der eigenen GmbH Rückkehr begründen).	Jederzeit Übertritt in die private Kasse möglich

Private Altersvorsorge

Mix bei Altersvorsorge

Ihre private Altersvorsorge sollte aus unterschiedlichen Teilen bestehen: Dies kann Immobilienbesitz sein, Aktienfonds, Rentenfonds oder auch eine Kapitallebensversicherung. Mit dieser erwerben Sie Ansprüche auf eine vereinbarte Versicherungssumme, wobei diese nur eine Mindestleistung darstellt. Neben dem Garantiezins, der zurzeit vier Prozent beträgt, kann sich dieser Betrag durch die vom Versicherungsunternehmen erwirtschafteten Überschüsse erhöhen. Da die Höhe des Beitrags vom Eintrittsalter abhängig ist und jedes einzelne Jahr für höhere Zinsen sorgt, ist es sinnvoll, die Versicherung so früh wie möglich abzuschließen. Die Auszahlung kann am Ende der Laufzeit in einem Betrag oder in Form einer monatlichen Rente erfolgen. Wenn Sie das Rentenalter nicht erreichen oder nur streifen, profitiert Ihre Frau oder Ihr Mann davon.

Private Rentenversicherung

Teil der privaten Altersvorsorge kann auch die private Rentenversicherung sein. Das ist eine Kapitallebensversicherung ohne Todesfallschutz: Sie zahlen einmalig oder regelmäßig Beiträge ein und erhalten dafür ab einem festgelegten Zeitpunkt eine lebenslange monatliche Rente oder alternativ eine einmalige Kapitalausschüttung.

Die Rendite liegt aufgrund des nicht mitversicherten Todesfallrisikos höher als bei der Kapitallebensversicherung. Manche Versicherungen bieten jedoch die Möglichkeit, eine Garantiezeit zu vereinbaren (zum Beispiel für fünf oder zehn Jahre). Im Todesfall erhalten die Hinterbliebenen innerhalb dieser Zeit eine Monatsrente oder aber einen Teil der vereinbarten Kapitalausschüttung.

Die Riester-Rente

Rente für Mitarbeiter

Die Riester-Rente betrifft Sie oft nur als Arbeitgeber – dann müssen Sie Ihren Angestellten nämlich das »Riestern« ermöglichen. Heißt: Sie ermöglichen es, dass Ihre Arbeitnehmer bis zu vier Prozent der Beiträge in die gesetzliche Rentenversicherung in Entgelt umwandeln können. Dadurch sparen Sie Steuern, denn Sie müssen für diesen umgewandelten Betrag keine Sozialversicherungsbeiträge zahlen. Die Riester-Rente lässt sich in Form einer Direktversicherung oder durch Einzahlung in eine Pensionskasse gestalten. Dabei können Sie wählen, ob Sie sich bei Renteneintritt eine einmalige Kapitalausschüttung gönnen oder lieber monatlich eine Rente beziehen wollen.

! **Als rentenversicherungspflichtiger Trainer, Berater oder Coach können Sie auch selbst die Riestervorzüge in Anspruch nehmen.**

Das betrifft zwar nicht die Entgeltumwandlung, wohl aber die staatliche Zulage, die bis zu 160 Euro im Jahr betragen kann. Darüber hinaus können Sie die gezahlten Beiträge insgesamt als Sonderausgabe abziehen. Dies gilt auch, wenn Sie selbst etwa als Unternehmensberater nicht rentenversicherungspflichtig sind, aber einen Riester-berechtigten Ehepartner haben, mit dem Sie zudem zusammen veranlagt werden (was sich wiederum nur lohnt, wenn einer der Ehepartner ein mehr als 60 Prozent höheres Einkommen hat als der andere).

Selbst profitieren

Zusätzlich zur Gehaltsumwandlung gibt es eine Zulage, die 114 Euro für die Jahre 2006 bis 2007 und 154 Euro ab 2008 beträgt. Pro Kind, für das Sie Kindergeld erhalten, erhöht sich die Zulage um 138 Euro (2006 und 2007) und 185 Euro ab 2008. Für Ehepaare verdoppelt sich diese Zulage, sofern beide einen Vertrag abgeschlossen haben. Zudem können Sie für das Jahr 2005 bis zu 1050 Euro und ab 2008 bis zu 2100 Euro jährlich beim Finanzamt geltend machen.

Die Rürup-Rente

Umstritten ist die nach ihrem »Erfinder« Rürup genannte Rente – von notwendigen Nachbesserungen ist die Rede. Die Knackpunkte: Diese Rente lässt sich nur als monatliche Rente und nicht als einmalige Kapitalauszahlung beziehen. Außerdem ist der einmal gewählte Anbieter kaum wechselbar, das eingezahlte Kapital nicht auf einen anderen Anbieter übertragbar – womit Sie dem erstgewählten Versicherungsanbieter ausgeliefert sind.

Vorteile – und zahlreiche Nachteile

Bestimmte Altersvorsorgeaufwendungen sind seit 2005 in jährlich steigenden Anteilen bis zur Obergrenze von 20 000 Euro (Verheiratete das Doppelte) als Sonderausgaben abziehbar. Für alle anderen Steuerzahler beträgt dieser Höchstbetrag 2400 Euro. Vorsorgeaufwendungen bleiben ab 2025 im Rahmen eines Höchstbetrags von 20 000 Euro steuerfrei.

Ab dem Jahr 2040 werden 100 Prozent der ausgezahlten Rente steuerpflichtig sein. Die begrenzte Abzugsfähigkeit ergibt Nachteile für junge Steuerzahler – die unter 30-Jährigen –, die jetzt nur 60 Prozent abschreiben können, später aber alles versteuern müssen. Das ist besonders ärgerlich, wenn der Steuersatz hoch ist. Der Abzug lohnt sich dagegen für ältere Selbstständige mit hohem Steuersatz, vor allem wenn sie nach der Rente ein geringeres Einkommen haben werden und folglich dann auch weniger Steuern zahlen müssen. Denn entscheidend für die Steuerberechnung ist der Zeitpunkt der Auszahlung.

Auswirkungen

Das Finanzamt muss bis 2019 prüfen, wie sich die Neuregelung für den Steuerzahler konkret auswirkt. Wenn er unter dem Strich weniger Sonderausgaben für Vorsorgeaufwendungen absetzen darf als vorher, gilt die alte Regelung für ihn weiter.

Die Arbeitslosenversicherung

Arbeitslosenversicherung nun möglich

Seit Februar 2006 können Sie sich auch als Selbstständiger gegen Arbeitslosigkeit versichern, sofern Sie zuvor eine sozialversicherungspflichtige Tätigkeit ausgeübt haben. Diese Möglichkeit dürfte vor allem Trainer und Dozenten anziehen, deren Unternehmen auf wackligen Beinen steht und bei denen eine hohe Auftragsunsicherheit herrscht. Denn die Kosten für die freiwillige Weiterversicherung sind erstaunlich niedrig – sie betragen weniger als 40 Euro im Monat:

bis 31.12.2006	ab 01.01.2007
39,81 Euro	28 Euro
33,56 Euro	24 Euro

Für diese Summe erhält der arbeitslose Selbstständige bis maximal 1364 Euro im Monat – das klingt nach nicht viel, lohnt sich aber angesichts der niedrigen Beiträge. Freiwillig einzahlen können Sie, wenn Sie sich innerhalb von einem Monat nach Antritt der Selbstständigkeit dafür entscheiden. Sie müssen unmittelbar zuvor allerdings mindestens zwölf Monate sozialversicherungspflichtig beschäftigt gewesen sein oder aber Arbeitslosengeld I bezogen haben – dabei müssen die Zeiten nicht unbedingt zusammenliegen.

Übergangsfrist

Da dies alle »alten« Selbstständigen ausschließen würde, galt bis 31.12.2006 eine Übergangsfrist, die rückwirkend abgeschafft wurde, was von einigen Experten als verfassungswidrig eingestuft wurde.

So lange können Sie Arbeitslosengeld erhalten

12 Monate sozialversicherungspflichtig beschäftigt		6 Monate
16	"	8 Monate
20	"	10 Monate
24	"	12 Monate
30 + älter als 55	"	15 Monate
36 + älter als 55	"	18 Monate

Wie viel Geld Sie bekommen, hängt nicht von Ihrem Einkommen ab, sondern von der Ausbildung. Am wenigsten erhalten Ungelernte ohne Abschluss. 1364 Euro erhalten Akademiker oder Absolventen einer Fachhochschule in Steuerklasse III mit einem Kind.

Ausbildung wichtig

Übrigens: Auch wenn Sie sich gegen die eigene Arbeitslosenversicherung entscheiden, als Arbeitgeber haben Sie wieder mit der Arbeitslosenversicherung zu tun: Jeder Unternehmer hat seine angestellten Beschäftigten der Arbeitsagentur binnen 14 Tagen zu melden!

Versicherungen für Mitarbeiter

Mitarbeiter sind für Sie ein wichtiges Thema – die Beschäftigung von Mitarbeitern ist mit allerlei Kosten verbunden. So kommt auf Sie nicht nur das Gehalt zu, wenn Sie Mitarbeiter einstellen. Auch der Staat hält die Hand auf. Wie sich das auswirkt, soll folgendes Beispiel (Änderungen sind etwa im Rahmen der Gesundheitsreform möglich) illustrieren: Ihre Sekretärin erhält ein Bruttoeinkommen von 450 Euro. Sie zahlt 14 Prozent in die Krankenkasse. So viel kosten Sie ihre Sozialbeiträge:

Beispiel

Krankenversicherung (14 Prozent, davon die Hälfte):	31,50 Euro
Pflegeversicherung (1,7 Prozent, davon die Hälfte):	3,82 Euro
Rentenversicherung (19,5 Prozent, davon die Hälfte):	43,87 Euro
Arbeitslosenversicherung (6,5 Prozent, davon die Hälfte):	14,63 Euro
Ihre Kosten	**93,82 Euro**

Durch die Zahlung von 450 Euro haben Sie als Arbeitgeber sogar einen finanziellen Vorteil, denn ein Minijob für 400 Euro kostet Sie pauschal 100 Euro nebenbei, also insgesamt 500 Euro. Das Problem liegt eher darin, dass Sie kaum Mitarbeiter finden werden, die für 450 Euro arbeiten möchten – wenn 400 Euro doch steuerfrei sind.

Die Berufsunfähigkeitsversicherung

Jeder vierte Erwerbstätige wird irgendwann einmal berufsunfähig. Trotzdem ist es eher unwahrscheinlich, dass Sie als Trainer, Berater oder Coach dauerhaft nicht mehr arbeiten können. Schließlich handelt es sich um eine geistige Tätigkeit, zu der Sie in erster Linie Ihren Kopf brauchen und auf die Sie bestenfalls im übertragenen Sinn allergisch reagieren können. Insofern ist die Absicherung der Berufsunfähigkeit für Trainer im Vergleich zu anderen Berufen verhältnismäßig günstig. Etwa 100 Euro im Monat müssen Sie einzahlen, um 1000 Euro zu bekommen, wobei natürlich auch Ihr Alter eine Rolle spielt.

Die Versicherungen prüfen akribisch, ob Sie wirklich unfähig sind, Ihren Beruf auszuüben. Sie müssen nicht nur einmal, sondern immer wieder zum Arzt.

Die betriebliche Haftpflichtversicherung und die Berufshaftpflicht

Unbedingt beraten lassen

Berufs- und Betriebshaftpflicht liegen dicht beieinander. Während die Berufshaftpflicht besonders risikobelastete Berufsgruppen absichert und auch so genannte Vermögensschäden einbezieht, sichert die Betriebshaftpflicht Unternehmer »nur« gegen Personen- und Sachschäden. Dies sind neben Architekten, Steuerberatern und Ärzten auch Unternehmensberater und beratende Ingenieure. Während die eine Versicherung Ihr berufliches Risiko als Freiberufler abdeckt, beschäftigt sich die andere mit Ihrem Betrieb, also dem Ort, an dem Sie arbeiten. Um die richtige Betriebs- oder Berufshaftpflicht empfehlen zu können, muss der Versicherungsmakler genau wissen, wie Sie arbeiten. Dies können in der Regel nur Spezialisten, wie etwa die an den Trainerversorgung e.V. angeschlossenen Experten.

Individuelle Risikoanalyse

Sie benötigen dabei eine individuelle Risikoanalyse: Es muss genau geprüft werden, welches Risiko Sie absichern müssen, damit Sie den Versicherungsschutz haben, den Sie brauchen, aber dennoch nicht mehr zahlen, als Sie müssen.

Die Kosten für eine Betriebs- oder Berufshaftpflicht reichen von etwa 50 Euro im Jahr bis weit über 500 Euro. Hohe Kosten entstehen überall dort, wo es um so genannte Vermögensschäden geht. Das sind Schäden, die beispielsweise aufgrund von Beratungsfehlern entstanden sind. Doch Sie als Trainer oder Berater sind in der Regel nicht – wie zum Beispiel Architekten oder Ärzte – für Beratungsfehler haftbar zu machen.

Kosten

Schließen Sie immer auch eine private Haftpflichtversicherung mit ab. Dies kostet meist nur wenige Euro mehr. Viele Betriebshaftpflichtpolicen bieten die Möglichkeit, den privaten Bereich gegen einen geringen Aufschlag mitzuversichern. Während die Betriebshaftpflicht meist gleich bis zu fünf Personen absichert, gilt die private »Mitversicherung« nur für den hauptsächlichen Versicherungsnehmer. Die anderen Gründer müssen also eine private Haftpflicht zusätzlich abschließen.

Interview:
Trainer müssen sich ganz speziell absichern

Interview mit Edit Frater, Vorsitzende der Trainerversorgung e.V. (www.trainerversorgung.de). Die Trainerversorgung ist ein Verein, der sich um die rechtlichen und versicherungstechnischen Belange von Trainern, Coachs und Beratern kümmert.

Die Rentenversicherungspflicht ist das zentrale Thema für Trainer. Oder sagt man besser: deren Umgehung?

Frater: Ja, wer Wissen vermittelt, ist per Definition der Deutschen Versicherung Bund ein freier Lehrer. Das trifft Trainer, Coachs und manche Berater, sofern sie keine Lösungen erarbeiten, sondern nur Lösungskompetenzen vermitteln.

Gilt das auch, wenn jemand nur teilweise als Trainer arbeitet?

Frater: Entscheidend ist, welche Tätigkeit überwiegt. Ist es eine versicherungsfreie Beratung – etwa die lösungsorientierte Beratung –, dann liegt keine Rentenversicherungspflicht vor.

Was ist der beste Schutz vor der Rentenversicherungspflicht?

Frater: Die eigenen Mitarbeiter. Mindestens einer muss mehr als 400 Euro verdienen. In der Verwaltungspraxis wurden bisher aber auch zwei Mitarbeiter, die zusammen mehr als 400 Euro verdienen, anerkannt.

Worauf müssen Trainer bei den anderen Versicherungen besonders achten?

Frater: Auf die richtige Berufshaftpflicht. Da gibt es große Unterschiede. So muss ein Trainer, der im Bereich Erlebnispädagogik tätig ist, sich anders absichern als ein EDV-Dozent. Das macht sich in der Preisspanne bemerkbar. Die günstigste Versicherung kostet ab 58 Euro im Jahr, teurere Varianten sichern höhere Risiken ab und können viermal so viel kosten.

Ist die Berufsunfähigkeitsversicherung nötig?

Frater: Wir finden schon, denn der Trainer muss sich ja absichern, wenn er nicht mehr in seinem Beruf arbeiten kann. Dann kommt es aber auf die richtige Versicherung an. So kann es sein, dass ein Sozialpädagoge, der als Trainer nicht mehr reisen kann, in anderen Bereichen eingesetzt wird. Die Berufsunfähigkeitsversicherung muss genau definieren, für welche Bereiche der Trainer einsetzbar ist bzw. für welche nicht, wenn er berufsunfähig wird.

Welche Versicherungen brauchen Trainer sonst noch?

Frater: Das ist von Fall zu Fall verschieden. So kann sich ein Trainer gegen den Verlust oder Ausfall seiner Stimme versichern oder eine Rücktrittsversicherung für Seminare abschließen, zu denen er nicht antreten kann – die er dann aber trotzdem bezahlt bekommt.

Mitarbeiter einstellen

Das Einstellen von Mitarbeitern lohnt sich schon deswegen, weil Sie sich so von der Rentenversicherungspflicht befreien. Hinzu kommt: Mitarbeiter machen Expansion erst möglich, denn nur wer sich von einem Teil seiner Aufgaben lösen und abgeben kann, kann wachsen. Nach einigen Jahren am Markt bindet die tägliche Organisation so viel Kraft und Zeit, dass für die eigentlichen Kernaufgaben – wie etwa auch die Entwicklung neuer Angebote – kein Platz mehr ist. In diesem Kapitel lesen Sie darum, wann sich die Einstellung von Mitarbeitern (auch) unter dem Kostengesichtspunkt lohnt.

Mitarbeiter einstellen kann sich lohnen

Die meisten Trainer und Berater sind auf Einzelkämpfertum gepolt. Aus diesem Grund kommen sie oft erst gar nicht auf die Idee, Mitarbeiter einzustellen. Schade – denn schon aus ökonomischen Gründen ist es wenig sinnvoll, alle Arbeiten selbst zu erledigen. Die einfache vorbereitende Buchhaltung ist auf dem freien Markt knapp 10 Euro wert. Wenn Sie diese selbst erledigen, anstatt für – sagen wir – 100 Euro zu beraten, verschwenden Sie neben dem Potenzial auch Ihr Geld.

Mitarbeiter machen Expansion möglich

Selbst wenn Sie die Stunde für die vorbereitende Buchhaltung nicht gleich durch eigene Beratungstätigkeit – und damit Einnahmen haben – ersetzen können, so doch sicher durch eine andere Kernaufgabe: die Akquise oder Kundenpflege. Kurzum: Machen Sie sich bewusst, was Chefsache ist und welche Tätigkeiten Sie abgeben können. Auch wenn Ihnen 400 Euro für einen Minijob vielleicht im Moment wehtun, so zahlt sich dies auf lange Sicht auf jeden Fall aus. Probieren Sie es einfach einmal ein halbes Jahr lang aus. 3000 von der Steuer abzugsfähige Euro haben Sie in dieser Zeit für den Mitarbeiter ausgegeben. Und wie viele Aufträge konnten Sie mehr erledigen? Wie wirkt sich das für Ihre Work-Life-Balance aus?

Entlastung durch Mitarbeiter

Als 1-Mann-Unternehmen unterliegen Sie keinem Kündigungsschutz, und innerhalb des ersten halben Jahres sollten Sie ohnehin eine Probezeit

Kündigungsschutz

vereinbaren. Ein Büro brauchen Sie auch nicht gleich: Teilzeitmitarbeiter kommen auch gerne in Ihr Home-Office.

Langsam wachsen

Einige Unternehmer haben mir berichtet, dass sie mit wenig oder ohne Mitarbeiter mehr erwirtschaftet hätten als mit einem ganzen Mitarbeiterstab. Diese Entwicklung ist im Trainingsbereich selten, findet sich aber vielfach bei Agenturen und auch Unternehmensberatungen. Je größer das Team, desto mehr muss erwirtschaftet werden: Der Umsatz steigt aber keineswegs parallel zur Zahl der Mitarbeiter, im Gegenteil. Und je mehr Mitarbeiter, desto höher der Druck und die Anforderungen an Ihr betriebswirtschaftliches System!

Wachsen Sie also lieber langsam und bedacht.

Kalkulieren Sie bei jeder Arbeitskraft, welchen finanziellen Nutzen – und welches Risiko – diese für das Unternehmen mit sich bringt. Bewältigen Sie volle Auftragsbücher mithilfe von Zeitarbeitern, bevor Sie sich gleich langfristig binden.

Minijobber einstellen

Ausgaben bei Minijob

Ein Minijobber bekommt 400 Euro im Monat, oder auch weniger. Sie zahlen auf jeden Minijob lediglich pauschale Abgaben in Höhe von 30 Prozent des Gehalts, bei 400 Euro also 120 Euro – das sind 15 Prozent für die Rentenversicherung, 13 Prozent für die Krankenversicherung. Des Weiteren müssen diese Jobs pauschal mit zwei Prozent Lohnsteuer oder entsprechend der individuellen Lohnsteuerklasse des Arbeitnehmers versteuert werden. Lassen Sie sich dazu die Lohnsteuerkarte vorlegen, können Sie diese zwei Prozent sparen, also acht Euro. Der Aufwand steht also kaum in einem gesunden Verhältnis zum Nutzen. Für den Arbeitnehmer ist ein Minijob steuerfrei, auch wenn er aus einem Hauptjob ein normales Einkommen bezieht oder zusätzlich selbstständig ist. Dies gilt seltsamerweise nicht, wenn jemand zwei Minijobs nachgeht – dann nämlich zahlt der Arbeitnehmer für 800 Euro Einkommen Steuern.

Ein Minijobber muss übrigens kein gleich bleibendes Einkommen bekommen. Er kann auch in dem einen Monat mehr und im anderen weniger arbeiten und verdienen – zum Beispiel in einem Monat 200 und im nächsten 600 Euro. Die Bundesknappschaft darf allerdings nur Meldungen über maximal 400 Euro erhalten. Rechnen Sie die Unterschiede also intern ab. Hauptsache, aufs Jahr gesehen bleibt es im Mittel bei 400 Euro.

Und was, wenn Sie die Rentenversicherungspflicht umgehen möchten? Sie wissen es bereits – die Anforderung lautet: »mindestens 401 Euro«. Durch den einen Euro würden Sie plötzlich im sozialversicherungspflichtigen Bereich landen und den Minijobsektor verlassen. Dies ist aus zwei Gründen schwierig: Erstens finden sich im so genannten Niedriglohnbereich kaum qualifizierte Mitarbeiter, da hier im Gegensatz zum Minijob Steuern fällig werden. Und zweitens haben Sie durch die Abführung der Lohnsteuer und die Kommunikation mit Finanzamt statt Bundesknappschaft (bei Minijobs) einen erhöhten Aufwand.

Renten-versicherungs-pflicht

Jobs in der Gleitzone

Bis 800 Euro fallen nicht die vollen Sozialversicherungsbeiträge an. Zwar sind die Arbeitgeberanteile voll abzuführen, die Arbeitnehmeranteile aber nicht. Diese steigen ab 400,01 Euro mit zunehmendem Einkommen sukzessive an – was nach einer komplizierten Formel zu erreichen ist.

Das bedeutet für Sie als Arbeitgeber: Ab einem Einkommen von 400,01 Euro zahlen Sie Sozialabgaben wie für jedes andere Arbeitsverhältnis auch – der Prozentsatz kann aber je nach Krankenkassenbeitrag variieren.

TIPP

1. Sie stehen selbst noch am Anfang und das Geld ist knapp? Wenn Sie einen Minijob nebenbei annehmen, erhöht das Ihren Gewinn nicht, das Geld ist steuerfrei verdient.

2. Sparen Sie gemeinsame Steuern, indem Sie Ihren Ehegatten anstellen. Der Arbeitslohn ist auf Ihrer Seite eine Betriebsausgabe, der das zu versteuernde Einkommen vermindert. Ihre Ehefrau (oder der Ehemann) auf der anderen Seite muss das Geld – sofern er nur diese 400 Euro verdient – nicht versteuern. Das Geld bleibt folglich in der Familie.

Freie Aufträge vergeben

Bei überschaubaren Projekten sinnvoll

Selbstverständlich können Sie als Trainer, Berater oder Coach nicht nur selbst freie Aufträge annehmen, sondern diese auch vergeben. Dies bietet sich bei überschaubaren, abgegrenzten Projekten an. Dazu gehört die Websiteerstellung, das Flyer-Texten oder das Schreiben von Skripten und Begleitbüchern. Vorteil: Sie müssen sich niemanden ins Haus holen und sich auch an niemanden binden. Nachteil: So wie Sie für einen Beratungsauftrag ordentlich bezahlt werden wollen, so möchte auch der von Ihnen beauftragte »Freie« eine ordentliche, der selbstständigen Tätigkeit angemessene Vergütung. Setzen Sie nie auf das Pferd »billig«, sondern lieber auf Erfahrung. Eine billige Website sieht Ihr Kunde. Er wird automatisch auch Sie für weniger wertvoll und »honorabel« halten.

Nachwuchs einbinden

Haben Sie Angst, Ihre wertvolle Dienstleistung zu delegieren? »Ich ziehe mir dann ja meine eigenen Konkurrenten heran, bilde diese kostenlos aus«, sagte mir eine Unternehmensberaterin. Das stimmt – aber welche Alternative haben Sie? Und Wissen zurückzuhalten, wird Sie auch nicht dauerhaft erfolgreich machen. Eine bessere Strategie ist es, Nachwuchs einzubinden. Sollte dieser flügge werden und irgendwann selbst im direkten Auftrag tätig werden wollen, so ist eine Kooperation denkbar und vielfach fruchtbarer als Konfrontation. Hinzu kommt: Die wenigsten freien Mitarbeiter werden jemanden direkte Konkurrenz machen, der sie zuvor gefördert hat.

Klären Sie mit dem Kunden, dass nicht immer Sie selbst tätig werden. Dies wird vielfach vor allem dann akzeptiert, wenn Sie mit einem Unternehmen und nicht etwa selbst als Freelancer auftreten.

Praktikanten und Azubis beschäftigen

Praktikanten einstellen

Manche Firmen haben weit mehr Praktikanten als Mitarbeiter. Manche leben am Anfang sogar nur von Praktikanten. Fitte Praktikanten sind für manche Unternehmen somit überlebenswichtig. Aber sie sind auch nur flüchtige Wegbegleiter, bleiben sechs Wochen, vielleicht sechs Monate – und sind dann wieder weg. Praktikanten sind von daher ideal für alle, die abgeschlossene Projekte zu vergeben haben. Sie sind nichts für Sie, wenn Ihre Kunden gleich bleibende Ansprechpartner und Kompetenz erwarten. Dieses Bedürfnis sollten Sie nicht unterschätzen.

Sozialversicherungen beachten

Achten Sie darauf, dass Ihre Praktikanten sozialversicherungstechnisch unter »Dach und Fach« sind, sonst könnten Sie selbst für Beiträge herangezogen werden. Ideal sind Praktikanten, die noch studieren und für die das Praktikum Bestandteil des Studiums ist. Die Sozialversicherungsträger gehen davon aus, dass diese das Praktikum zum Lernen und nicht zum Arbeiten absolvieren, und verzichten von daher auf Sozialversicherungsbeiträge. Die Nachweispflicht liegt aber bei Ihnen: Kopieren Sie also unbedingt den Studentenausweis!

Vorsicht, wenn der Student sein Studium bereits beendet hat: Sofern er eine Vergütung erhält, ist er mit dieser auch normal versicherungspflichtig. Arbeitet er ohne Geld – was ja oft genug vorkommt –, sind 54,52 Euro in der Krankenversicherung fällig, die allerdings der Praktikant selbst zahlen muss. Lassen Sie sich die entsprechenden Bescheinigungen vorlegen und kopieren Sie diese für die Personalakten. Auch die Rentenversicherung will ihren Obolus: auch in diesem Fall ein Prozent der Bezugsgröße.

Azubis einstellen

Auch in Ordnung: Praktikanten aus Weiterbildungsmaßnahmen der Arbeitsagentur. Diese sind in der Regel über die Agentur renten- und krankenversichert – Sie haben damit gar keinen Stress. Das Dumme ist nur: Die Arbeitsagenturen anerkennen nur Praktika von maximal zwei Wochen.

Azubis einstellen heißt investieren, auch in die zukünftige Entwicklung Ihres Unternehmens. So richtig lohnenswert ist das Anlernen nur dann, wenn Sie den Azubi hinterher auch übernehmen können. Denn: Durch die Berufsschule bleibt er dem Unternehmen häufig fern – Sie aber zahlen weiter. Außerdem erwartet er zu Recht, dass er bei Ihnen etwas lernt. In die Lehre bei sich selbst können Sie zum Beispiel Bürokaufleute schicken, wenn Sie über eine entsprechende Ausbildereignungsprüfung verfügen. Welche Berufe Sie mit Ihrem beruflichen Hintergrund in Ihrem Unternehmen ausbilden dürfen, darüber informiert Sie die örtliche Industrie- und Handelskammer (IHK).

Art der Beschäftigung	Was	Tätigkeiten
Minijob	Beschäftigung unter 400 Euro, Abwicklung über Bundesknappschaft statt Finanzamt	Vom Sekretariat bis zur Buchhaltung
Freier Mitarbeiter	Sie beschäftigen einen »Unternehmer«, der auf Rechnung arbeitet.	Qualifizierte Tätigkeiten, zum Beispiel Website pflegen, Schulungsunterlagen erstellen etc.
Praktikant	Wenn Sie Projekte abgeben können oder Arbeitskräfte benötigen, um Spitzen abzubauen	Vorwiegend für Tätigkeiten, die einen häufigen Wechsel (zum Beispiel von Ansprechpartnern) verkraften, also besser nicht für den Telefondienst oder gar Kundenbetreuung einsetzen
Teilzeitkraft	Im Übergang zur qualifizierten Tätigkeit, kann zum Vollzeitjob ausgebaut werden	Für alle Tätigkeiten denkbar
Vollzeitkraft	Qualifizierte Tätigkeiten, eigener Verantwortungsbereich	Überall

Sozialversicherung	Kosten für Sie	Merke
Pauschalierte Beiträge von 30 Prozent für Kranken- und Rentenversicherung sowie Lohnsteuer	Bei 400 Euro 520 Euro	Meldung bei der Bundesknappschaft ist Pflicht
Der freie Mitarbeiter muss sich selbst versichern.	Üblicherweise werden Stundenhonorare ab 20 Euro oder Tagessätze ab 200 Euro bezahlt, zzgl. Umsatzsteuer.	Vorsicht vor Scheinselbstständigkeit, Mitarbeiter muss weniger als 83 Prozent seines Umsatzes bei Ihnen verdienen, darf nicht auf Anweisung arbeiten
Abhängig vom Status des Praktikanten und seiner Bezahlung: Studenten, die das Praktikum benötigen = versicherungsfrei für Sie. Andernfalls: Auch wenn Sie dem Praktikanten nichts bezahlen, werden ca. 24 Euro/Monat für einen pauschalierten Beitrag zur Rentenkasse fällig.		Arbeitslose Praktikanten, die bei Ihnen im Rahmen einer Weiterbildung beschäftigt werden, sind sozialabgabenfrei.
Voll sozialversicherungspflichtig (ca. 21 Prozent Abgaben, allerdings müssen Sie anders als beim Minijob Lohnsteuer abführen)	Gehalt plus Sozialabgaben	Im unteren Lohnbereich ist es oft besser, zwei Minijobber statt eine Teilzeitkraft anzustellen.
Voll sozialversicherungspflichtig	Gehalt plus Sozialabgaben, Lohnsteuer muss einbehalten werden	–

Familien-mitglieder einstellen

Übrigens: Wenn Sie Familienmitglieder einstellen, bleibt das Geld in der Familie. Das rentiert sich vor allem bei den Minijobs, die aufseiten des Arbeitnehmers steuerfrei sind. Während Sie also auf der einen Seite Kosten von insgesamt 6000 Euro (12 x 500 Euro als Kosten für den Minijob) geltend machen können und so zum Beispiel 2000 Euro Steuern sparen, nehmen Sie auf der anderen – privaten Seite – 4800 Euro steuerfrei ein.

Die Arbeitsverträge

Beispielrechnung

Auch den Arbeitsvertrag dürfen Sie nicht gestalten, wie Sie wollen. Passen Sie hier bei der Arbeitsvertragsgestaltung ganz genau auf: Ihre Sekretärin soll drei Tage in der Woche beschäftigt sein? Ist sie die einzige Kraft in Ihrem Betrieb? Dann gehen Sie vom gesetzlichen Mindestanspruch von 24 Urlaubstagen aus, den Sie auf die drei Tage umrechnen: 24 : 5 x 3 = 14,4 Tage. Nun runden Sie großzügig auf 15 Tage auf. Haben Sie eine Vollzeitkraft angestellt, so muss sich der Urlaubsanspruch der Teilzeitkraft an dem Urlaub der »Vergleichsfrau« oder des »Vergleichsmannes« orientieren. Bekommt dieser 30 Tage, hat Ihre 3-Tages-Sekretärin also Anspruch auf 30 : 5 x 3 = 18 Tage. Bezahlte Tage, versteht sich.

Urlaubsregelung

Sind feste Stundenzahlen, aber keine festen Arbeitstage vereinbart? Wenn Ihre Teilzeitkraft fünf Tage die Woche jeweils zwei Stunden arbeitet, hat Sie auch Anspruch auf 24 Tage Mindesturlaub. Für Sie ist diese Lösung in der Regel also ungünstiger, weil Sie dazu führt, dass die Teilzeitkraft insgesamt länger wegbleibt.

Sonderzahlungen

Urlaubsgeld müssen Sie nicht zahlen, und auch das Weihnachtsgeld ist eine freiwillige Leistung. Zahlen Sie diese Leistungen allerdings dreimal hintereinander aus, so sind Sie verpflichtet, den Mitarbeitern diese Leistungen auch zukünftig zu gewähren.

Versicherungsfragen prüfen

Darüber hinaus sind Sie verpflichtet, Ihre Mitarbeiter bei der Krankenkasse und der gesetzlichen Rentenversicherung – der Deutschen Versicherung Bund – anzumelden und dort monatlich die Beiträge zu entrichten. Hierbei teilen Sie sich mit Ihrem Mitarbeiter die Kosten, halten aber seinen Anteil automatisch mit ein und führen ihn zusammen mit Ihrem Anteil ab. Beiträge für die Berufsgenossenschaft – auch dies eine Pflicht – zahlen Sie zu 100 Prozent. Sie sind zudem verpflichtet, die Lohnsteuer einzubehalten und an das Finanzamt zu überweisen.

Ein Muster für einen Arbeitsvertrag finden Sie auf der CD.

Checkliste – Punkte, die im Arbeitsvertrag angesprochen werden müssen

- Zwischen welchen Parteien wird der Vertrag geschlossen?
- Welche Funktion oder Aufgabe soll der Arbeitnehmer ausfüllen? Bringen Sie zum Ausdruck, dass er neben dieser Tätigkeit auch zur Ausübung anderer Tätigkeiten herangezogen werden kann.
- Ist der Vertrag unbefristet oder befristet? Die Befristung eines Arbeitsvertrages ohne Vorliegen eines sachlichen Grundes ist bis zur Dauer von zwei Jahren zulässig. Auch wenn Sie mehrmals verlängern (zum Beispiel nach einem halben Jahr), gilt die Gesamtdauer von zwei Jahren.
- Wie lange dauert die Probezeit? Wann darf in der Probezeit gekündigt werden?
- Welches Gehalt wird bezahlt und zu welchem Zeitpunkt? Sagen Sie, dass Weihnachtsgeld etc. kein Gehaltsbestandteil ist.
- Äußern Sie sich zu den Überstunden. Möchten Sie diese nicht bezahlen, so sagen Sie das.
- Wie sieht es mit dem Urlaubsanspruch aus? Minimum: 20 Tage bei einer 5-Tage-Woche.
- Welche Kündigungsfristen gelten? Üblich ist die gesetzliche Kündigungsfrist mit vier Wochen zum Monatsende.

Mitarbeiter günstig einstellen: Weitere Möglichkeiten

Es gibt weitere Möglichkeiten, Mitarbeiter ohne größere Kosten einzustellen – dazu gehört, Fördermöglichkeiten zu nutzen.

Der Staat unterstützt das Schaffen von Arbeitsplätzen: So erhalten Sie Einstellungszuschüsse von der Arbeitsagentur, wenn Sie Arbeitslose einstellen, die zuvor mindestens drei Monate ohne Beschäftigung waren. Der Zuschuss beträgt dabei 50 Prozent des Bruttoentgelts und kann für bis zu zwölf Monate und maximal zwei Arbeitnehmer gewährt werden. Voraussetzung ist, dass Sie insgesamt nicht mehr als fünf Arbeitnehmer beschäftigen (Teilzeitkräfte mit 20 Stunden gelten als 0,5 Arbeitskraft, Teilzeitkräfte mit bis zu 10 Stunden als 0,25).

Durch die Arbeitsagentur geförderte Einstellung

Eingliederungs-zuschuss Eine Variante ist der Eingliederungszuschuss. Dieser soll die Einarbeitungszeit versüßen und die Hemmschwelle, ältere und auch behinderte Menschen anzustellen, senken. Dabei trägt die Arbeitsagentur zwischen 30 und 70 Prozent des Bruttoentgelts. Schwerbehinderte können bis zu 96 Monate gefördert werden, über 50-jährige Arbeitnehmer bis zu 24 Monate. Den Zuschuss müssen Sie unter Umständen teilweise zurückzahlen, wenn Sie dem Arbeitnehmer früher als zwölf Monate nach Ablauf der Förderung kündigen. Sie müssen das Geld jedoch nicht zurückzahlen, wenn die Kündigung berechtigt war, Sie etwa durch innerbetriebliche Gründe dazu gezwungen worden sind.

Personal-buchhaltung Aufgaben im Bereich der Personalabrechnung sollten Sie an Ihren Steuerberater oder einen Lohnbuchhalter abgeben. Dieser übernimmt die Meldungen an die Versicherungsträger und erstellt Gehaltsabrechnungen mit Sozialversicherungsnachweisen. Das kostet Sie in der Regel nur wenige Euro pro Mitarbeiter.

Überblick über Ihre Kosten

Arbeitslosenversicherung: Gesamt: 13,5 Prozent Ihr Anteil: 6,75 Prozent

Krankenversicherung: Gesamt: z. B. 14 Prozent Ihr Anteil: 7 Prozent

Pflegeversicherung: Gesamt: 1,7 Prozent Ihr Anteil: 0,75 Prozent *

Rentenversicherung: Gesamt: 19,5 Prozent Ihr Anteil: 9,75 Prozent

Dabei gelten Beitragsbemessungsgrenzen. Das bedeutet, dass über diese Grenzen hinaus sich die Beiträge nicht mehr erhöhen:

Krankenversicherung: Alte Bundesländer: 3525 Euro (bitte nicht verwechseln mit der Grenze, die den Wechsel in die private Versicherung erlaubt, der Versicherungspflichtgrenze. Diese beträgt: 3900 Euro monatlich / 46 800 Euro pro Jahr)

Rentenversicherung und Arbeitslosenversicherung:

Alte Bundesländer 2005: 5200 Euro monatlich / 62 400 Euro pro Jahr
Neue Bundesländer 2005: 4400 Euro monatlich / 52 800 Euro pro Jahr

* Ausnahme Sachsen: Hier zahlt der Arbeitnehmer 1,35 Prozent, der Arbeitgeber den Rest.

Den richtigen Bewerber einstellen

Trotz hoher Arbeitslosigkeit ist es gerade für kleine Unternehmen alles andere als leicht, passende Mitarbeiter zu finden. Stellen Sie jemand ein, der auch eine hohe Identifikation mit Ihnen und Ihrem Unternehmen entwickelt. Er muss sich für das Produkt oder Ihre Dienstleistung begeistern können. Hinterfragen Sie die Motivation, sich bei Ihnen zu bewerben. Eine schlechte Wahl sind meist die Kandidaten, die sich auf jede Anzeige vorstellen, ohne weiter darüber nachzudenken, wer diese aufgegeben hat. Glauben Sie allerdings auch nicht das andere Extrem: Es mag sein, dass ein Bewerber schon immer davon geträumt hat, bei Porsche zu arbeiten – Sie als kleinere Firma sind ganz sicher kein »Bei-Ihnen-zu-arbeiten-habe-ich-mir-immer-gewünscht«-Kandidat.

Identifikation mit Ihrem Unternehmen

Mitarbeitern kündigen

Ab wann gilt der Kündigungsschutz? Die magische Grenze liegt derzeit bei mehr als zehn Mitarbeitern. Haben Sie mehr Mitarbeiter, können Sie nur noch aus bestimmten Gründen kündigen und müssen sich auch an vorgegebene Verfahren halten. Bestand der Arbeitsvertrag schon am 31.12.2003, gilt die Zahl von fünf Mitarbeitern in Bezug auf den betreffenden Angestellten. Beschäftigen Sie sechs Angestellte und Ihr erster Angestellter war schon an diesem Tag für Sie tätig, gilt für ihn der Kündigungsschutz, für die anderen Mitarbeiter nicht.

Kündigungs-Management

Gilt für Sie der Kündigungsschutz nicht, können Sie Ihren Mitarbeiter jeden Tag mit der gesetzlich gültigen Frist »vor die Tür« setzen. Allerdings ist Kündigung nicht nur eine Frage des Gesetzes, sondern auch Ihres Image. Das Verhalten eines Betriebs, der Mitarbeitern ständig kündigt und sich dabei auch nicht fair verhält, spricht sich schnell innerhalb einer Branche herum.

Gilt der Kündigungsschutz, müssen Sie zwischen verschiedenen Kündigungsgründen und -wegen unterscheiden. Einen Einblick vermittelt die folgende Tabelle:

Wann kündigen?	Personenbedingt	Verhaltens-bedingt	Betrieblich
Diebstahl, Schwänzen		✓	
Krankheit	✓		
Arbeitsunfähigkeit	✓		
Umstrukturierung			✓
Umsatzeinbußen			✓
Beachten Sie	Attest einholen. Wenn Arzt Arbeitsfähigkeit bestätigt, Arbeitnehmer zu einem anderen Arzt bestellen	Vorher zeitnah wegen des gleichen Verhaltens abmahnen, Kündigung spätestens 14 Tage nach Auftreten des Verhaltens aussprechen	
Fristen	Sofort möglich	Im Arbeitsvertrag vereinbarte Frist gilt	Im Arbeitsvertrag vereinbarte Frist gilt

Bürodienste und Business Center

Hilfreiche Bürodienste

Warum gleich einstellen? Sie brauchen doch nur jemand fürs Telefon! Mitunter ist es günstiger, einen Bürodienst einzuschalten. Sie stellen dann einfach Ihr Telefon auf diesen Bürodienst um. Anhand Ihrer Telefonnummer erkennt dieser Ihre Anrufe und bearbeitet Sie nach einem zuvor mit Ihnen abgesprochenen System. Das kostet Sie eine Grundgebühr im Monat und einen bestimmten Betrag pro Anruf. Oder Sie gehen noch einen Schritt weiter und mieten einfach ein Büro dazu. Dies ist immer voll ausgestattet und auf dem neuesten Stand der Bürotechnik.

Übrigens: Den Büroservice können Sie sich auch selbst organisieren. Arbeiten Sie zum Beispiel in einer Bürogemeinschaft, stellen Sie auf Kollegen um, wenn Sie nicht da sind. Wenn diese Ihre Telefonnummer angezeigt bekommen, sehen sie auch gleich, wie sie sich melden müssen.

Bürodienste im Überblick

Bürodienst	Angebot	Preise	Webadresse
Ebuero	Telefon- und Postservice	Grundgebühr im Monat ab 39 Euro sowie Gebühr für verbrauchte Telefonminuten	www.ebuero.de
Instant Offices	Sucht voll ausgestattete Büros und Virtual Offices	Service ist kostenlos	www.instant-offices.de
Pedus Office	In zwölf Großstädten, zentrumsnah. Voll ausgestatte Büros, Virtual Office, stundenweise Vermietung	Büros ab 950 Euro im Monat. Virtual Office ab ca. 100 Euro	www.pedus-office.de
Regus	In allen Großstädten im Zentrum. Außerdem in allen Ländern der Welt vertreten. Bietet Büroräume zum Festpreis und mit kurzen Kündigungsfristen. Büros und Konferenzräume lassen sich auch stundenweise mieten. Zudem kann das Center als Büroadresse dienen und Anrufe entgegennehmen (Virtual Office).	Pro Stunde und Person ab 7 Euro. Büros für 1–10 Personen ab 900 Euro im Monat. Virtual Office ab ca. 100 Euro	www.regus.de
Topbuero	Telefonservice	Ab 79 Euro im Monat plus Kosten pro Minute (1,29 Euro) sowie die Übermittlung der Gesprächsnotizen	www.topbuero.de

12 Optimieren und Expandieren

Sie sind bereits einige Zeit am Markt. Und doch: Es könnte besser laufen – oder wieder so gut wie früher einmal. Es sind fast immer die gleichen Fehler, die zu Erfolgsbremsen für Trainer, Berater und Coachs werden. Lesen Sie in diesem Kapitel, was Sie ganz konkret tun können, um Ihre Gewinne zu optimieren und neue Kunden zu gewinnen.

Schnelle Maßnahmen

Ich unterscheide bei meinen 14 Tipps zwischen schnellen Maßnahmen, die das Geschäft unmittelbar ankurbeln, und mittel- bzw. langfristigen Aktionen – zunächst einmal zu den schnellen Maßnahmen:

Maßnahme 1: Optimieren Sie Ihre Art der Rechnungsstellung

Das größte und am meisten unterschätzte finanzielle Optimierungspotenzial liegt in der Rechnungsstellung bzw. in Ihrer Art, mit Honoraren umzugehen. Fragen Sie sich zunächst, ob die Absprachen mit dem Kunden klar genug sind. Zahlt dieser wirklich pro Stunde oder erwartet er eine Sitzung? Rechnen Sie »eine Stunde und zehn Minuten« ab – oder bleiben Sie auch bei 70 Minuten Beratung in Ihrer Rechnung bei einer Stunde? Wie haben Sie dies zuvor kommuniziert?

Rechnungsstellung verbessern

Ihr Kunde muss natürlich wissen, was ihn erwartet. Großzügige und individuelle »Bauch«-Regelungen sind immer auch gefährliche Regelungen. Glasklare Vereinbarungen vermeiden Groll über die Rechnung, vor allem im Privatkundenbereich oder dort, wo Sie mit Freiberuflern oder kleineren Unternehmen zu tun haben. Ein umfassendes und eindeutiges Regelwerk liegt in Ihrer Verantwortung und darf nicht zur Diskussionsgrundlage mit dem Kunden werden. Dies gilt auch für Stornierungen, Terminabsagen und Terminverschiebungen, die Ihr Geld kosten!

Wenn Sie mit größeren Firmen zusammenarbeiten: Berechnen Sie Spesen? Zahlen die Auftraggeber auch dann, wenn Sie an Meetings teilnehmen? Werden Konzepte in Rechnung gestellt? Überlegen Sie sich allgemein gültige Regelungen und treffen Sie allgemein gültige Verabredungen. Gehen

Sie diese systematisch durch, bevor Sie mit dem Auftrag starten. Lassen Sie unter Umständen eine Vereinbarung unterschreiben. Nach diesem Hausputz widmen Sie sich dem nächsten Schritt:

**Schauen Sie ganz genau auf Ihr Rechnungswesen!
Schreiben Sie auch wirklich alles auf, was anfällt und in Rechnung gestellt werden könnte? Runden Sie vielleicht manchmal
zu großzügig zugunsten des Kunden ab? Vergessen Sie Leistungen?**

Denken Sie daran: Auch 15 Minuten für ein Telefonat »zwischendurch« kosten Ihre Zeit. Treffen Sie mit Ihren Kunden Vereinbarungen, dass auch eine solche Beratung Geld kostet. Vielleicht schrecken Sie damit den ein oder anderen Kunden ab, der gerne ganze Hände nimmt, wenn ihm der kleine Finger geboten wird – aber dies ist dann auch nicht Ihre Klientel.

Auch kleine Dienstleistungen berechnen

Am besten legen Sie sich einen Zettel neben den Computer, auf dem Sie alle »Aufwände« akribisch notieren. Ihr Kunde wird das als professionell akzeptieren, Sie selbst können auf diese Art und Weise Ihren Umsatz oft um ein Drittel oder mehr steigern.

Maßnahme 2: Optimieren Sie Ihr Mahnwesen

Schreiben Sie regelmäßig einmal im Monat oder einmal in der Woche Rechnungen. Pünktlich gestellte Rechnungen werden auch schneller bezahlt. Sie signalisieren außerdem professionelle Arbeit. Verkürzen Sie den Zahlungszeitraum. Die normale gesetzliche Frist beträgt 30 Tage. Diese können Sie selbstverständlich verkürzen. Je geringer der Betrag, desto schneller sollte das Geld auf Ihrem Konto eingehen. »7 Tage nach Rechnungsstellung« sind bei Privatkunden absolut akzeptabel, für Unternehmen sollten es 10 bis 30 Tage sein, wobei Sie immer damit rechnen müssen, dass sich gerade große Unternehmen daran nicht halten und Fristen nach eigenem Gutdünken ausschöpfen.

**Wirksam dagegen: Skonto – also ein Preisnachlass für schnelle Zahler.
Das lohnt sich vor allem bei höheren Beträgen und beschleunigt
die Zahlungsbereitschaft auf fast wundersame Weise.**

Auch die Mahnungen sollten pünktlich und unmittelbar nach Ablauf der Zahlungsfrist abgeschickt werden. Sind Sie als freier Mitarbeiter tätig, stecken Sie dabei oft in einer Zwickmühle. Es könnte den Auftraggeber verärgern, wenn Sie ihn gleich anmahnen. Besser, Sie rufen vorher an und fragen nach, womit die Zahlungsverzögerung zusammenhängt. Oft sind Rechnungen ganz einfach nicht weitergegeben worden!

Regelmäßig Mahnungen versenden

Beauftragen Sie ein Inkassounternehmen, das sich um die Zahlungssünder kümmert, wenn die erste Mahnung und vielleicht auch ein weiterer Telefonanruf nichts gebracht haben. Die Firma www.media-finanz.de beispielsweise treibt auch kleinere Summen ein.

Maßnahme 3: Optimieren Sie Ihre Angebote

Schon bei der Angebotserstellung können Sie hier ansetzen – oft sind bereits hier Ihre Preise zu eng kalkuliert, aus Sorge, wenige Euro würden die Entscheidung für oder gegen Sie beeinflussen. Meist ist das aber gar nicht so: Es ist nicht der Einkäufer, der Sie engagiert, sondern es ist die Fachabteilung. Trotzdem sollten Sie bei den Marktpreisen bleiben – aber eben auch nicht darunter.

Bei Angeboten »Puffer« einrechnen

Bescheidenheit bei der Angebotserstellung ist falsch und führt dazu, dass Sie sich am Ende ärgern. Fragen Sie sich vor dem Abschicken des Angebots lieber einmal mehr: Sind die Zahlen wirklich gut durchkalkuliert? Ist ein ordentlicher Puffer drin, der Mehrarbeit abfedert? Rechnen Sie immer mit einer Sicherheitsreserve von rund 20 Prozent. Wenn Sie also zehn Stunden Arbeit einkalkulieren, schlagen Sie lieber noch einmal zwei weitere Stunden darauf. Das muss der Auftraggeber nicht wissen. Die Erfahrung zeigt indes, dass oft mehr Aufwand nötig ist als anfangs geschätzt. Rechnen Sie mit Besprechungen, Verzögerungen, Korrekturläufen … Die Erfahrung zeigt, dass dies nicht die Ausnahme, sondern die Regel ist.

Präsentieren Sie Ihr Angebot mit verschiedenen Bausteinen, sodass der Kunde nicht gleich von der Gesamtsumme geschockt wird.

Mehrere Angebotsposten

So kann es im Training sinnvoll sein, Skripterstellung und Trainingstag sowie Nachbereitung separat aufzuführen. Gerade im Bereich der Nachbereitung lässt sich oft viel herausholen. So können Sie ein Einzelcoaching im Nachgang des Seminars, die Überprüfung optimierter Präsentationsunterlagen nach einer Präsentationsschulung oder Ähnliches zusätzlich kostenpflichtig anbieten. Dies wird von den Unternehmen gerne genommen und beschert Ihnen weitere Verdienste. Ihr Kunde bekommt zudem den Eindruck, einerseits auswählen und andererseits Dinge streichen zu dürfen.

Maßnahme 4: Kassieren Sie bar

Gerade wenn Sie mit »flüchtigen« Privatkunden arbeiten, ist es häufig ratsam, das Geld auf Seminaren oder Vorträgen sofort und in bar einzusammeln. Je geringer die Bindung an Sie oder Ihr Unternehmen, desto häufiger kommen Zahlungsausfälle vor. Kunden, die immer wieder zu Ihnen kommen, sind also treuere Zahler als Kunden, die nur einmal bei Ihnen »kaufen«. Kommunizieren Sie deutlich, dass Sie das Geld bar einsammeln möchten und der Kunde selbstverständlich eine Quittung erhält.

Maßnahme 5: Verkaufen Sie mehr

Je niedrigschwelliger Angebote sind, desto leichter lassen Sie sich verkaufen. Überlegen Sie sich, was Sie aktuell und schnell verkaufen können. Dies kann beispielsweise ein Auffrischungstraining sein oder eine neue Potenzialanalyse zum Einführungspreis. Denken Sie dabei auch an das so genannte »Cross-Selling«. Das bedeutet, dass Sie zu Ihrer Dienstleistung weitere Produkte anbieten. Dies können Tests oder Vorträge sein, Skripts oder elektronische Bücher. Auch Online-Seminare kommen infrage – kurzum alles, was Ihren »Absatz« erhöht.

Cross-Selling beachten

Maßnahme 6: Erinnern Sie an sich

Spätestens wenn Ihnen zeitweise die Luft ausgeht und der Umsatz schrumpft, ist die Zeit gekommen, sich in positive Erinnerung zu bringen. Da reicht mitunter ein Brief »an alle« oder ein Rundtelefonat aus, um neue Aufträge zu generieren. Arbeiten Sie mit Privatkunden, empfiehlt sich eine Aktion – etwa Gutscheine mit rabattierten Beratungen –, um schnell frischen Wind ins Geschäft zu bringen.

Mittel- und langfristige Tipps

Maßnahme 7: Verändern Sie sich

Stagnation ist Gift für einen Unternehmer – und vergessen Sie nie: Unternehmer sind Sie auch als Dozent und freier Mitarbeiter. Die typische geschäftliche Entwicklung läuft jedoch leider auf Stagnation hinaus. Nach zwei, drei Jahren am Markt sind die meisten Trainer und Berater mehr oder weniger erfolgreich, auf jeden Fall können Sie von Ihrer Arbeit leben. Vielleicht sind Sie etwas unzufrieden, weil es noch besser laufen könnte, aber dieser Grad an Unzufriedenheit reicht nicht aus, etwas Neues anzupacken. Und dies führt dazu, dass vier, fünf Jahre lang die Luft immer mehr rausgeht. Und dann kann es sein, dass Sie oder/und Ihr Angebot plötzlich gar nicht mehr gefragt sind. Fast immer ist dies ein schleichender Prozess, den Sie gar nicht richtig bemerken – bis sich eines Tages die Rückwärtsbewegung deutlich auf dem Konto bemerkbar macht. Dies ist oft der Moment, in dem ehemals erfolgreiche Agenturen und Beratungsfirmen auf die Suche nach einem finanzstarken Partner gehen, um neuen Wind ins eingeschlafene Geschäft zu bringen. Dies ist

Stagnation vermeiden

auch der Moment, in dem alte Hasen plötzlich merken, dass die bisher erfolgreichen Rezepte nicht mehr funktionieren.

Verhindern Sie das Abflachen Ihrer Umsatzkurve und das langsame Absterben Ihrer Auftraggeber frühzeitig, bevor es überhaupt dazu kommt.

Den Markt beobachten

Schauen Sie immer auf den Markt, sehen Sie neue Entwicklungen, wenn andere diese noch nicht einmal wahrgenommen haben. Greifen Sie Ideen auf, die für Sie wesentlich sein oder werden könnten. Beobachten Sie den Wettbewerb und leiten Sie auch daraus Maßnahmen für Ihr eigenes Geschäft ab. Entwickeln Sie immer neue Produkte. Fragen Sie sich regelmäßig, wie Sie Ihr Angebot zu einem Paket schnüren können (»Frühjahrsputz für Ihre Bewerbung«) oder welche Einführungsangebote auf positive Resonanz stoßen könnten (»Jetzt neu in unserem Programm: Mit Erfolgsteams zur schlanken Figur«).

TIPP Überlegen Sie regelmäßig:

- Was kann ich meinen Kunden **noch** bieten?
- Was wünschen sich meine Kunden **dazu**?
- Wie kann ich mir neue Kunden erschließen?
- Welches Angebot kann ich vorhandenen Kunden **ergänzend** unterbreiten?
- Welche Ausbildung erweitert meinen Horizont und ermöglicht mir, mit neuen Dienstleistungen an den Markt zu gehen?
- Welche Dienstleistungen werden in Zukunft gefragt sein?
- Wie wird sich der Markt in meinem Segment hierzulande entwickeln?
- Wie entwickelt sich der Markt in meinem Segment in anderen Ländern?
- Was sagen Experten und Zukunftsforscher zur künftigen Entwicklung?
- Welche Ideen aus anderen Bereichen und Ländern lassen sich für mich adaptieren?

Maßnahme 8: Erweitern Sie Ihre Geschäftsidee

Möglich, dass sich erst nach mehreren Jahren am Markt herausstellt, dass Ihre Idee bestimmte Probleme nach sich zieht. Sehr oft ist dies der Fall, wenn Sie von Geldern abhängig sind, etwa mit staatlichen oder vom Land geförderten Projekten Ihren Umsatz machen.

Auch Geschäftsideen, die auf einmaligen Verkauf ausgerichtet sind, sind grundsätzlich schwierige Geschäftsideen. Früher oder später ist da oft die Luft raus. Typisches Beispiel sind Farbberatungen: Einmal durchgeführt, reicht dem Kunden das Ergebnis (ich bin ein Frühjahrs-, Sommer-, Herbst- oder Wintertyp) in der Regel für den Rest seines Lebens. Vielleicht lässt sich noch eine Stilberatung dazu verkaufen, oder auch farblich passendes Make-up und T-Shirts. Aber die Kunden lassen sich nicht über Jahre hinweg mit immer wieder denselben Produkten versorgen. Ähnlich ist es bei Bewerbungsberatungen oder mit MS-Word-Schulungen. Sind die Teilnehmer fit gemacht, brauchen Sie Ihr Wissen meist nicht mehr. Folge: Sie müssen sich immer neue Kunden suchen, was aufwendig und teuer ist. Ein Pferdetrainer mit einem Führungsseminar kann sein Produkt nur einmal an den »Mann« bringen. Das wichtigste Prinzip erfolgreichen Marketings kommt nicht zum Tragen – aus Kunden können keine Stammkunden werden. Dies ist vor allem bei preiswerten Produkten ungünstig, deren Verkauf einen hohen Aufwand kostet.

Neue Ideen – neue Kunden

Überlegen Sie, was Sie ändern müssen, um den Stammkundeneffekt zu erzeugen.

Ein Bewerbungsberater könnte sich langfristig zum Karriereberater weiterentwickeln, aus einem Word-Dozenten kann ein »Technical Consultant« werden. Und die Farbberaterin kann Schritt für Schritt zu einer Outfit- oder Persönlichkeitsberaterin werden. Bringt sie die Voraussetzungen in Sachen Ausbildung mit, kann sie auch als Stylistin arbeiten.

In welche Richtung können Sie sich entwickeln und erweitern? Setzen Sie bei Ihrem persönlichen Können und Ihren Fähigkeiten an. Selbstverständlich müssen Sie darüber hinaus auch schauen, wie sich der Wettbewerb gestaltet und welches Angebot in der Wettbewerbslandschaft vielleicht noch fehlt – und dieses Angebot sollten dann *Sie* entwickeln.

Auf Trends reagieren

Maßnahme 9: Pflegen Sie Ihre Kunden

Nach zwei bis drei Jahren sollten Sie idealerweise 80 Prozent Ihrer Aufträge aus dem bestehenden Pool an Kunden generieren. Bleiben Sie frei für ständige Verjüngung und Erweiterung – halten Sie also immer auch nach neuen Auftraggebern Ausschau.

Vernachlässigen Sie dabei aber nie die Bestandskunden.

Bestands- und Neukunden

Sammeln Sie alle Adressen – auch die von Interessenten – in einer Datenbank (siehe dazu das »Marketing«-Kapitel) und aktualisieren Sie diese Informationen stetig. Melden Sie sich regelmäßig bei alten Auftraggebern, auch wenn Sie aktuell nicht mit diesen zusammenarbeiten. Schicken Sie eine Geburtstagskarte oder einen Weihnachtsgruß, rufen Sie auch einfach einmal zwischendurch an oder schreiben Sie eine nette E-Mail. Verschicken Sie regelmäßig Newsletter oder besondere Angebote für Kunden.

Außergewöhnliche Aktionen

Letzteres gilt umso mehr, wenn Sie Privatkunden in Ihrem Datenbestand haben. Diese freuen sich über einen Clubcharakter und die persönliche Ansprache, einige können regelrechte Fans Ihrer Angebote werden. Bieten Sie Kundenpreise, Rabatte, veranstalten Sie Vorträge oder laden Sie einfach einmal zu einem Event oder Vortrag ein. Verschicken Sie neue Angebote als »Aktion« zum Einführungspreis und bedanken Sie sich mit einem Gutschein. All dies sind Dinge, die Trainer und Berater in aller Regel nicht machen – doch die, die aktive Kundenpflege betreiben, sind doppelt und dreimal so erfolgreich.

Trainerporträt: Business-Coach 112

Wie viele Neu-Coachs wohl jedes Jahr die Weiterbildungsinstitute verlassen? Es müssen mehr als 100 sein. Sie alle strömen auf einen noch jungen Markt, der schon jetzt so viele Jung-Coachs kaum aufnehmen kann und dessen Preisniveau einzubrechen droht. Deshalb bot Business-Coach 112 – 2005 auf den Markt gekommen – auch Headhunting an, was sich natürlich kaum mit Coaching vereinbaren lässt (und weshalb Coach 112 hier ungenannt bleiben will). Auf dem freien Markt hat »112« Privatkunden akquiriert und festgestellt, dass diese kaum bereit sind, mal so eben 50 Euro für eine Stunde zu zahlen.
So ging es nicht weiter: Business-Coach 112 besann sich auf seine Kernkompetenz: die jahrelange Branchenerfahrung in der Gesundheits- und Medizinbranche. Er entwickelte spezielle Coachingprodukte und Seminare für Führungskräfte innerhalb dieser Branche. Und nun versucht er es seit einiger Zeit anders und neu. Das ist schwierig und dauert seine Zeit, aber erste kleine Erfolge zeichnen sich ab.

Maßnahme 10: Lassen Sie sich kritisieren

Kritik ist das Wertvollste, das Sie erhalten können. Nur Kritik macht Sie besser. Unverständlich ist mir deshalb, dass es tatsächlich Trainer gibt, die nach Seminaren Feedbackbogen einsammeln, ohne draufzuschauen, oder die Seminare ohne Feedbackrunde abschließen. Auch Berater verzichten oft auf Potenzial, indem Sie nach einem abgeschlossenen Projekt eben nicht nachfragen, wie zufrieden der Kunde mit der geleisteten Arbeit ist und welchen Effekt diese Arbeit hat.

Kritik hilft weiter

Nehmen Sie »Reklamationen« immer positiv auf und fragen Sie sich, inwieweit Anregungen von Kunden sinnvoll sind und sich wirklich realisieren lassen. Fragen Sie nach einem größeren Projekt nach, wie zufrieden der Kunde damit war, und fassen Sie mit etwas Abstand ein zweites Mal nach: »Nun ist es fast ein Jahr her, dass wir die Intraneteinführung in Ihrem Unternehmen begleitet haben. Nun interessiert mich, wie sich das Intranet bei Ihnen seitdem entwickelt hat. Wie sind Ihre Erfahrungen?« Aus solchen Gesprächen entwickeln sich wie durch Zauberhand nicht selten Folgeaufträge, auf jeden Fall jedoch ist der Kunde von Ihrer Professionalität beeindruckt.

Maßnahme 11: Verhindern Sie Überalterung

Je länger Sie am Markt sind, desto größer ist die Gefahr der Überalterung. So gibt es Beratungsunternehmen, deren Kunden im Durchschnitt 60 Jahre und älter sind und kurz vor der Geschäftsaufgabe oder Geschäftsübernahme stehen. Zumeist wird nach einer solchen Übernahme auch der Beraterstab ausgewechselt – denn neue Besen kehren bekanntlich besser und jeder »Neue« neigt dazu, sich eigene Berater hochzuziehen. Bleiben Sie deshalb nie auf alten Kunden sitzen, erneuern Sie den Bestand. Und verlassen Sie sich nicht auf einmal gestrickte Netzwerke.

Maßnahme 12: Erhöhen Sie Ihre Preise regelmäßig

Sie müssen nicht über Jahre hinweg denselben Preis haben. Mit Ihrem Erfolg darf ruhig auch Ihr Honorar wachsen. Eine Buchveröffentlichung oder auch eine neue Zertifizierung rechtfertigen höhere Preise. Wachsen Sie vom Junior- auch preislich langsam in den Seniorstatus. Vergessen Sie dabei aber nie Ihre Zielgruppe und deren Zahlungsbereitschaft. Bedenken Sie dabei aber auch, dass Ihr Honorar ganz wesentlich mit der Zielgruppe zu tun hat. Daraus ergibt sich auch: Mit höheren Honoraren sprechen Sie auch andere Menschen und Firmen an. Beispiel: Ein Bewerbungsberater, der durchschnittliche Arbeitnehmer anspricht, wird diese Zielgruppe mit Preisen über 150 Euro in der Stunde höchstwahrscheinlich nie erreichen – womöglich aber die Gruppe der Manager.

Kontinuierliches Preis-Management

Allerdings müssen Angebot und Auftreten zu Ihrem Honorar passen. Sie können nicht aus dem Home-Office heraus Top-Honorare verlangen. Ambiente, Auftreten, Ausbildung, Lage des Büros und Preis – alles muss zusammenpassen.

Maßnahme 13: Vergrößern Sie sich

Mit Mitarbeitern werden Sie automatisch auch mehr und professionellere Arbeit leisten können. Sie können Aufgaben abgeben, die nur Ihre Zeit »stehlen« und die andere professioneller und schneller erledigen können – etwa die Buchhaltung oder die Erstellung von Websites, an der sich einige Trainer immer noch selbst versuchen. Doch Vorsicht vor dem Allheilmittel »Mitarbeiter«: Ihr Gewinn steigt durch den Einsatz von Personal nicht unbedingt an. Sie müssen die frei gewordenen Kräfte auf die Gewinnoptimierung ausrichten.

Durch Investitionen wachsen

Sich vergrößern ist oft nicht ohne vorheriges Investieren möglich. Doch nur wenige Trainer und Berater geben Geld aus, bevor sie welches einnehmen. Dies ist eine falsche, nicht unternehmerische Haltung: Wachstum verlangt Investition und überall, wo hinten mehr Geld herauskommen soll, muss vorne etwas hineingesteckt werden. Wie viel dies ist und wann Sie aus der Verlustzone in den Gewinnbereich kommen, sollte selbstverständlich vorher in einem Business-Plan kalkuliert werden.

Maßnahme 14: Kontrolle ist alles

Controlling installieren

Beobachten Sie Ihre Wachstumsschritte ganz genau, seien Sie Ihr eigener Controller. Wie viel Umsatz haben Sie als Einzelkämpfer erwirtschaftet? Was schaffen Sie als 3-Mann-Firma heran? Wie viel Umsatz pro Kopf erzielen Sie dann? Wie entwickelt sich der Umsatz durch die Anstellung eines neuen Mitarbeiters? Kaufmännische Kontrolle ist eine Ihrer Kernaufgaben.

Nehmen Sie sich Zeit, die Entwicklungen nachzuhalten, oder beauftragen Sie Ihren eigenen Steuer- oder Unternehmensberater damit.

Dies ist eine meist unterschätzte Maßnahme: So wachen viele Beraterfirmen nach einigen Jahren auf, um festzustellen, dass Ihr Wachstum gar nicht mehr effektiv ist oder aber in der Vergangenheit ein anderes Verhalten bei der Akquise und bei Preisverhandlungen notwendig gewesen wäre.

Bei der Beobachtung hilft eine einfache Umsatz- und Gewinnübersicht, wie Sie sie auch für Ihren Business-Plan erstellt haben. Wenn Sie diese Übersicht regelmäßig erstellen, verlieren Sie die finanzielle Entwicklung Ihres Unternehmens nie aus dem Blick – auch wenn Sie Einzelunternehmer sind, ist dies eine überlebenswichtige Maßnahme.

Ihr Optimierungs-Check

Bereich	Wirkung setzt ein	Optimierungspotenzial	Mögliche Maßnahmen
Rechnung und Preis	Sofort	Riesig, zwischen 30 und 50 Prozent mehr Umsatz	Beratungszeiträume verkürzen, angefangene Stunden berechnen, Anrufe und E-Mails zwischendurch berechnen, kostenlose Vorbesprechungen abschaffen (Alternative: Kunde kann zum Beispiel Beratung in den ersten 20 Minuten kostenlos abbrechen)
Produktentwicklung	Mittel- und langfristig	Hoch	Neue Produkte entwickeln, die vielleicht auch eigene Marken werden. Dies können Workshops, Seminare und Methoden sein. Eventuell bietet sich auch der Verkauf von Skripts etc. an.
Angebot erweitern / Idee variieren	Mittel- und langfristig	Hoch	Weitere Dienstleistungen aufnehmen, zum Beispiel neben klassischer Beratung auch Coaching, bestimmte Methoden. Falls Ihre Geschäftsidee auf einmaligen Verkauf ausgerichtet ist: Eruieren Sie Möglichkeiten, diese zu erweitern, um ins Stammkundengeschäft einzusteigen.
Cross-Selling	Sofort	Mittel	Verkaufen Sie obendrauf: Tests, Bücher, Formulare etc. Vorsicht: Trennen Sie Verkauf als gewerbliche Tätigkeit steuerlich von der freiberuflichen Arbeit.

Investition	Langfristig	Hoch	Nur wenn Sie in Aufbau investieren, kann am Ende mehr herauskommen. Investieren Sie in Ihre eigene Weiterbildung, in Mitarbeiter und in den Aufbau von Produkten, die der Kunde hinterher bezahlt.
Rechnungswesen	Sofort	Hoch	Zahlungsfristen verkürzen, mit Skonto Anreize schaffen, Raten- und Abschlagszahlungen vereinbaren
Mahnwesen	Sofort	Hoch	Unmittelbar nach Ablauf von Zahlungsfristen mahnen, Inkasso einschalten
Kundenpflege	Mittelfristig	Riesig	Es ist eine unternehmerische Regel, dass nach dem Aufbau des Geschäfts die Stammkunden 80 Prozent des Umsatzes ausmachen.
Neukundengewinnung	Mittelfristig	Riesig	Hören Sie nie auf, neue Kunden zu gewinnen, sei es um Schlechtzahler zu ersetzen, sich eine zahlungswilligere Klientel zu erschließen, wegfallende Kunden zu ersetzen oder Expansion zu ermöglichen.
Mitarbeiter	Mittel- und langfristig	Groß	Delegieren Sie Aufgaben, die Sie hindern, sich Ihren Kernaufgaben (Akquise, Produktentwicklung, Marketing, Training/Beratung) zu widmen.
Kaufm. Kontrolle	Mittel- und langfristig	Riesig	Nur wenn Sie Ihre Kennzahlen kennen, wissen Sie, mit welchen Aufgaben Sie zu viel Zeit verschwenden bzw. was unrentabel ist.
Zeitmanagement	Kurz-, mittel- und langfristig	Groß	Kürzere Telefonate, zielgerichtete Verhandlungen, klarere Prioritätensetzung: Im Zeitmanagement steckt viel Optimierungspotenzial!

Bücher, Web-Tipps und wichtige Verbände

Allgemeine Ratgeber

- Bonnemeier, Sandra: Praxisratgeber Existenzgründung. Erfolgreich starten und auf Kurs bleiben. München: Beck Juristischer Verlag 2004
- Eder, Barbara: Existenzgründung für Frauen. Baden-Baden: Humboldt 2006
- Hofert, Svenja: Praxisbuch Existenzgründung. Erfolgreich selbständig werden und bleiben. Frankfurt/Main: Eichborn 2004
- Hofert, Svenja: Existenzgründung im Team. Der erfolgreiche Weg in die Selbständigkeit. Frankfurt/Main: Eichborn 2006

Ratgeber für Trainer, Berater und Coachs

- Bernecker, Michael; Gierke, Christiane; Hahn, Thorsten: Akquise für Trainer, Berater, Coachs. Mit CD-ROM. Offenbach: GABAL 2006
- Häuser, Jutta: Marketing für Trainer. Kein Profi(t) ohne Profil. Bonn: Managerseminare Verlag 2003
- Hey, Hans H.: Trainerkarriere. Wie Sie als Trainer erfolgreich selbststständig werden und bleiben. Offenbach: GABAL 2002
- Kuntz, Bernhard: Die Katze im Sack verkaufen. Wie Sie Bildung und Beratung mit System vermarkten. Bonn: Managerseminare Verlag 2005

Web-Tipps

Allgemeine Gründungsberatung für Trainer in allen Bereichen	
Auf- und Ausbaucoaching für Trainer, Positionierungscoaching	www.karriereundentwicklung.de (Website der Autorin)
Gründungsberatung von Trainern	http://www.support-fuer-trainer.de/

Ausbildungs- und Gründungsberatung für Trainer	http://www.profi-mit-profil.de/
Bundesverband der Verkaufsförderer und Trainer	http://www.bdvt.de/offensive.php

Wichtige Verbände

Verbände	
Bundesverband der Verkaufsförderer und Trainer	http://www.bdvt.de/offensive.php
Bundesverband deutscher Unternehmensberater e.V. (BDU)	http://www.bdu.de
Deutscher Bundesverband Coaching e.V. (DBVC)	http://www.dbvc.de
Dvct – Deutscher Verband für Coaching und Training e.V.	http://www.dvct.de
Deutsche Gesellschaft für Personalführung e.V. (DGFP)	http://www.dgfp.de
Deutsche Gesellschaft für Personalwesen e.V. (DGP)	http://www.dgp.de
Verband freier Berater für Mittelstand und Handwerk	http://www.kmu-berater.de
Verband der EDV-, Software- und Beratungsunternehmen	http://www.vdeb.de/
Trainerversorgung – steuerliche und rechtliche Beratung von Trainern & Co.	http://www.trainerversorgung.de/

Stichwortverzeichnis

Abschreibungen 139
Adresskauf 75, 76
Agent 123
Agenturen 83
Akquise delegieren 73
Akquisetrichter 69, 70
Akquisition 68
Akquisitionsplan 37
Aktiengesellschaft 114
Allgemeine Geschäftsbedingungen (AGB) 123
Altersvorsorge 146
Angebotserstellung 168
Ansparabschreibungen 140
Anzeigen 63
Arbeitslosengeld 149
Arbeitslosenversicherung 148
Arbeitsverträge 160, 161
ARGE (Arbeitsgemeinschaft) 13, 107
Autorschaft 81
Azubis beschäftigen 156

Bafa-Förderung 94
Bankgespräche 88
Belege sammeln 127
Beraterverträge 119, 120
Beratungsförderung 94
Berufshaftpflicht 150
Berufsunfähigkeitsversicherung 150, 152
Bestandskunden 172
Betriebliche Ausgaben 136
Betriebliche Haftpflichtversicherung 150

Betriebsbeteilung 31
Betriebsübernahme 31
Branchen-Datenbanken 79
Break-even-Point 87, 91
Buch als Marketinginstrument 79
Buchführung 125
Buchhaltung 36, 125, 128
Buchkonzept 81
Buchverträge 122
Bürgschaften, staatliche 86
Bürodienste 164, 165
Büro mieten 124
Business Center 164
Business-Plan 85, 87
Business-Plan, Finanzteil 91
Business-Plan, Textteil 87, 89

Callcenter 73
Coachingverträge 119
Corporate Design 57
Corporate Identity 57
Cross-Selling 169

Datenbank, eigene 36, 77
Datenbanken 63
»Der eine Begriff« 26, 29
Direktmarketing 66
Domains 30
Dreibein 28

E-Mailing 66
Eigenkapital 85
Einkommensteuer 132, 133
Einnahmenkalkulation 91
Einnahmequellen, mehrere 16

Einstiegsgeld 93
Empfehlungen, bezahlte 67
Empfehlungsmarketing 66
Engpass-Konzentrierte Strategie (EKS) 20
Erfolgseckpfeiler 20
ESF-Geld 94
Events 65
Exit-Strategien 16
Expansion 166, 174
Expansionsmaßnahmen 166

Flyer 58
Flyergestaltung 59
Freelancer 41, 53
Freiberufler 13, 95
Freiberufler, Status 98, 101
Freie Auftragsvergabe 156
»Freie Lehrer«-Regelung 12, 96, 143
Freie Mitarbeit 15, 120
Freie-Mitarbeiter-Falle 15

GbR 13, 106, 107
Geförderte Preise 49
Geschäfts- und Aufgabenfeld 21
Geschäftsidee 15, 171
Geschäftskonto 130
Gesellschaftervertrag 107
Gesellschaftsform 13
Gewerbesteuer 96, 134
Gewerbetreibender 13, 95, 101
Gewerbliche Tätigkeit 97
Gewinnermittlung 131
GmbH 109
GmbH & Co. KG 111
GmbH-Geschäftsführer 111
Gründung, gemeinsame 102
Gründungsförderung 92
Gründungsidee 11

Haftung 13, 98, 103, 105, 107, 109, 110, 111, 112, 115

Hochpreisstrategie 45
Honorargestaltung 45
Honorarsätze 43, 44

Ideenfindung 36
Indirekter Auftrag 41
Innovationsfähigkeit 22
Internetwerbung 63

Kalkulatorischer Stundensatz 42
Kernkompetenzen 20, 25
KG 115
Kleinunternehmerregelung 14, 48, 108, 129, 135
Kontaktlisten 69
Kontokorrent 86
König Kunde 39
Körperschaftssteuer 134
Kräftebündelung 20
Krankenkassenbeitrag 93
Krankenversicherung 141
Kredite 85
Kritikfähigkeit 173
Kundenkartei 76
Kundenservice 38, 171
Kündigungsschutz 153

Limited 111

Mahnwesen 167
Mailings 66
Marke 29
Markenanmeldung 29
Marketing 51
Marketing-Maßnahmen (Überblick) 60
Marktauftritt 52
Marktbeobachtung 170
Messen 77
Mietvertrag 124
Mikrodarlehen 86
Minijobber 154

Mitarbeiter 39, 153
Mitarbeitereinstellung 39, 153, 161
Mitarbeitereinstellung (Übersicht) 158
Mitarbeiterkündigung 163

Namensgebung 52
Nische 20, 24

OHG 114
Optimierungs-Check (Übersicht) 175
Optimierungsmaßnahmen 166
Organisationsform 95

Partnergesellschaft 109
Patent 29
Personalverantwortung 39
Positionierung 17, 22
Positionierungshilfe 18
Praktikanten beschäftigen 156
Preisdifferenzierungen 46
Preisfindung 26, 41, 173
Preisstrategie 45, 173
Pressearbeit 64
Pressemitteilung 64
Privatkredite 86
Problemlöser 20
Problemlösung 21
Produktentwicklung 35
Produktlebenszyklus 24
Profilerstellung 53, 83
Profilgestaltung 54
Projektübersicht 56
Public Relations 64

Rabatte 48
Rabattformulierungen 49
Rabattrisiko 48
Rechnungsstellung 127, 128, 166
Rechtsform 95

Rechtsprechung 117
Rentenversicherung 142, 145
Rentenversicherungsfreie Bereiche 144
Rentenversicherungspflicht 12, 39, 92, 100, 111, 143, 151, 155
Riester-Rente 146
Risikominderung 28
Rollen und Aufgaben als Gründer (Überblick) 39
Rürup-Rente 147

Scheinselbständigkeit 99, 100, 101
Selbstdarstellung 43
Selbstvermarktung 83
Seminarraum mieten 124
Sozialabgaben 93
Spezialisierung 12
Stagnation vermeiden 169
Stammkunden 171
Standbeine, mehrere 28
Stärkenkonzentration 20
Startgeld 86
Statusfeststellungsverfahren 101
Steuer 108, 125
Steuerarten 125
Steuerberater 36, 130
Steuerentwicklung 132
Steuernachzahlungen 36
Steuern sparen 136
Steuern sparen mit dem Auto 137, 138
Strategische Partner 22
Suchmaschinenanzeigen 63
SWOT-Analyse 34, 90

Teamgründer 103, 105
Teamideen 31
Telefonakquisition 68, 75
Telefonakquisition, Gesprächsregeln 71
Telefongespräche vorbereiten 72

Telefonmarketer 74
Text- und Bilderklau 122
Trainerdatenbanken 78
Trainergemeinschaft 13
Trainerporträts 30, 47, 50, 80, 113, 172
Trainervermarktung (Interview) 83
Trainer-Netzwerke 97
Trends 171

Überalterung 173
Umsatz- und Rentabilitätsvorschau 91, 92
Umsatzsteuer 47, 136
Umsatzsteuerbefreiung 136
Umsatzsteueridentifikationsnummer 130
Unternehmerisches Bewusstsein 35
Urheberrechte 121

Veranstaltungen 65
Verdienstmöglichkeiten 12
Verkaufsförderung 65
Verlag finden (Buchprojekte) 82
Verlinkungen 63
Verlustvortrag und -rücktrag 139
Vermarktungsstrategie 51
Vermittlungsprovisionen 43
Versicherungen 141, 151
Versicherungen für Mitarbeiter 149
Vertragsabsprachen am Telefon 118
Vertragsgestaltung 117
Vertrieb 37
Visitenkarte 57

Warm- und Kaltakquise 68
Website 60, 64
Werbe-Mix 38
Werbung 38, 63
Werk- und Dienstvertrag 118
Wettbewerbsverbote 121

Zielgruppenfestlegung 21

 **TrainerPraxis**

Michael Bernecker, Christiane Gierke, Thorsten Hahn
Akquise für Trainer, Berater, Coaches
ca. 240 Seiten
ISBN 3-89749-544-9

Professionelle Akquise fällt vielen Trainern, Coaches, Beratern und Bildungsunternehmen nicht leicht. Oft nicht einmal denen, die Vertriebsschulungen anbieten. Akquise – das heißt vor allem, sich selbst Klarheit über die eigene Positionierung und dem Markt Klarheit über hervorragende Angebote zu verschaffen.

Das Buch vermittelt den kompletten Werkzeugkasten der auf dem Bildungsmarkt funktionierenden Vertriebsstrategien und -tools und zeigt, wie man alle kommunikativen Möglichkeiten intelligent vernetzt. Es ist geschrieben von einem Praxistrio: einem Trainer, einer PR-Expertin und einem Marketingspezialisten.

Ergänzt durch eine CD voll mit Checklisten, Fallbeispielen und Formularhilfen zum Ausdrucken und zum direkten Einsatz für eine erfolgreiche Akquise.

Fordern Sie Ihre kostenlose Leseprobe als pdf an: leseprobe@gabal-verlag.de

Informationen über weitere Titel unseres Verlagsprogrammes erhalten Sie in Ihrer Buchhandlung, unter info@gabal-verlag.de oder im GABAL Shop.

www.gabal-verlag.de

 **TrainerPraxis**

Die 10 wichtigsten Erfolgsfaktoren für Trainer

Herbert J. Kellner
Was Trainer können sollten
ca. 160 Seiten
ISBN 3-89749-543-0

Der Beruf des Trainers ist weder staatlich geregelt noch gibt es ein allgemein gültiges Berufsbild. Um so nötiger ist es, Klarheit in die Aufgabenbereiche des modernen Trainers zu bringen und damit einen wesentlichen Beitrag zur beruflichen Zukunftssicherung der Trainer zu leisten.

Basierend auf einer Kompetenzstudie des ITD Forschungsteams stellt das Buch die zehn wichtigsten Erfolgsfaktoren vor, die für die Akzeptanz und den langfristigen Erfolg von Trainern wichtig sind. Jede dieser zehn Kompetenzen wird in einem übersichtlichen Raster exakt definiert und beschrieben und durch Best Practice-Methoden ergänzt. Abgerundet wird das Kompetenzentwicklungs-Programm durch praktische Anwendungsübungen und einem Entwicklungsplan.

Das Programm ist so angelegt, dass Sie als Trainer in kürzester Zeit zu maximalen Ergebnissen Ihrer persönlichen Kompetenzentwicklung kommen. Sie lernen, Weiterbildungsbedarfe zu ermitteln und geeignete Lern- und Entwicklungsprozesse so zu gestalten, umzusetzen und auszuwerten, wie dies in der modernen Weiterbildung gefordert und erwartet wird.

Ein Set an Checklisten und Arbeitshilfen sowie eine Zusammenfassung der Kompetenzstudie werden auf beiliegender CD-ROM zur Verfügung gestellt.

Fordern Sie Ihre kostenlose Leseprobe als pdf an:
leseprobe@gabal-verlag.de

Informationen über weitere Titel unseres Verlagsprogrammes erhalten Sie in Ihrer Buchhandlung, unter info@gabal-verlag.de oder im GABAL Shop.

www.gabal-verlag.de